Sul &
Oeste

Sul & Oeste

Joan Didion

Tradução
Marina Vargas

Harper
Collins

Rio de Janeiro, 2022

Diretora editorial: *Raquel Cozer*

Gerente editorial: *Alice Mello*

Editora: *Lara Berruezo*

Assistência editorial: *Anna Clara Gonçalves e Camila Carneiro*

Copidesque: *Thaís Lima*

Revisão: *Suelen Lopes*

Design de capa: *Túlio Cerquize*

Diagramação: *Abreu's System*

CIP-Brasil. Catalogação na Publicação
Sindicato Nacional dos Editores de Livros, RJ

Didion, Joan, 1934-2021
Sul e Oeste / Joan Didion; tradução Marina Vargas. – 1.
ed. – Rio de Janeiro: HarperCollins Brasil, 2022.

Título original: South and west : from a notebook
ISBN 978-65-5511-310-5

1. Biografia (Gênero literário) 2. Ensaios literários
3. Didion, Joana, 1934-2021 4. Memórias autobiográficas
5. Oeste (Estados Unidos) - Usos e costumes I. Vargas, Marina.
II. Título.

22-105452   CDD: 920

Maria Alice Ferreira - Bibliotecária - CRB-8/7964

Os pontos de vista desta obra são de responsabilidade de seu autor, não refletindo
necessariamente a posição da HarperCollins Brasil, da HarperCollins Publishers ou de
sua equipe editorial.

HarperCollins Brasil é uma marca licenciada à Casa dos Livros Editora LTDA.
Todos os direitos reservados à Casa dos Livros Editora LTDA.
Rua da Quitanda, 86, sala 218 – Centro
Rio de Janeiro, RJ – CEP 20091-005
Tel.: (21) 3175-1030
www.harpercollins.com.br

Para John e Quintana,
e para Earl.

Sumário

Prefácio à edição brasileira

O SUL DOS Estados Unidos é marcado simbolicamente pela Guerra de Secessão, quando firmou sua posição como uma região escravagista e conservadora. Por mais incrível que possa parecer, tanto tempo depois, essa marca não desapareceu por completo e o Sul (com maiúscula mesmo) continua sendo bem mais ligado ao partido republicano, ao nacionalismo radical e à moral tradicionalista.

As razões pelas quais uma região inteira de um país se torna relacionada a uma ou outra característica — mais progressista e moderna ou mais conservadora e retrógrada — são inúmeras, ligadas aos modos de produção, às imigrações e à história e, da mesma forma como o Sul e o Nordeste do Brasil têm seus aspectos arquetípicos e tantas vezes estereotipados, assim é também com os Estados Unidos.

Joan Didion, uma das jornalistas americanas mais reconhecidas por sua fluência elegante e ao mesmo tempo "desbocada", além de seu progressismo e originalidade, resolveu, em 1970 e sem saber muito bem por quê, empreender uma viagem aventuresca ao Sul do país. Moradora do Oeste mais "western" possível, Didion partiu em busca do que não sabia, da diferença que, como sempre em sua longa carreira, a estimulava mais do que a mesmice.

O livro *Sul e Oeste* traz a reprodução fiel de partes do diário que a jornalista e escritora manteve ao longo de um mês de viagens a várias pequenas cidades do Sul do Golfo — nos estados de Louisiana, Mississippi e Alabama — em um carro alugado, junto com seu marido. Como sempre, o que ela queria, mesmo sem saber muito bem, era recusar a "imagem" de um lugar, em favor de um conhecimento mais táctil e genuíno. O objetivo final talvez fosse uma reportagem que, infelizmente, nunca foi escrita.

O fatalismo resignado que Didion reconhece em Nova Orleans — uma mulher sofre um acidente de carro fatal, crianças morrem de febre, a corrupção é grassa, o sexo é enrustido — parece espalhar-se por todas as cidades, numa atmosfera exatamente contrária a tudo o que a escritora se habituou e nos habituou a ler e pensar. "Um mundo completo em si mesmo, um mundo de superfícies polidas, interrompidas ocasionalmente por um clarão de excentricidade tão profundo que tornava impossível qualquer tentativa de interpretação."

A ausência de interpretações é, talvez, um dos aspectos que mais se destaca neste livro. E, se por um lado o leitor pode sentir falta dos julgamentos ácidos e melancolicamente altivos de Didion, por outro vamos percebendo, com a leitura, como a observação quase pura das pessoas, lugares e acontecimentos contém um viés embutido, pela escolha do que é narrado, por uma leve ironia e pelo absurdo de muitas das cenas apresentadas. A paisagem que vai se revelando pelo Deserto de Sonora é "mais metafórica do que qualquer coisa que já vi na vida". Para entrar em mais um dos lugares estranhos que ela escolhia visitar, o proprietário pergunta se ela "tem marido". Moradores a aconselham a não se misturar com os "crioulos". O que a impressiona, tantos anos depois, é a lembrança da "densa obsessão, da vertiginosa preocupação com raça, classe, legado histórico, elegância e ausência de elegância".

Os lugares visitados não poderiam ser mais autênticos e esquisitos ao mesmo tempo: uma fazenda de répteis, uma barraca de quinquilharias, a piscina de um hotel decadente, uma convenção em que um dos prêmios era um novo revestimento de parede, tudo em uma atmosfera de pântano, torpor e abandono, lembrando a paisagem do filme "Paris-Texas", com máquinas de sorvete que pingam, garotas loiras parecendo estátuas, um homem que atira aleatoriamente em pombos e placas de "vende-se" por todo lado.

Nada parece ter muita importância, mas é justamente aí que está seu significado, ao menos para o olhar único de Didion. Numa conversa com um patriarca de uma família que se imagina liberal, depois de tentar mostrar o quanto o racismo do Sul já tinha sido superado, ele termina: "Não estou dizendo que vou receber um pastor negro para jantar em minha casa hoje à noite". Em outra ocasião, alguém lhe pergunta se ela conhece algum "homem negro de boa aparência".

Depois de muitas cidadezinhas, de visitar o túmulo de Faulkner e de conversas sempre reveladoras em seu machismo, racismo e xenofobia, o livro parece chegar ao fim, mas somos surpreendidos com as anotações que Joan Didion faz sobre a California, feitas em 1976, quando ela foi para lá com a intenção, não realizada, de cobrir o julgamento de Patty Hearst. E é na leitura dessas poucas páginas, que, pelo contraste radical, vamos nos dando conta, ainda mais, da paisagem e do "mood" do Sul. Quando Didion diz que "até hoje a prata polida a incomoda" e que ela se sente "condenada à não convencionalidade", é inevitável lembrar das convenções imutáveis e das superfícies sempre polidas do Sul. "No Sul, eles estão convencidos de ter banhado sua terra de sangue com a história. No Oeste, não acreditamos que nada do que fazemos pode banhar de sangue a terra, mudá-la ou afetá-la." Joan Didion tenta, como ela mesma diz, buscar seu lugar na história, sem nunca encontrar.

Para o leitor, depois de terminar o livro, pode restar a pergunta sobre o porquê dessa publicação ou dessa leitura, cinquenta anos após a reportagem que não houve, sobre uma terra que, provavelmente, mudou. E a resposta, feliz e também infelizmente, é que tanta coisa mudou, na verdade, para mudar muito pouco. Um homem saído de algum programa de televisão de quinta categoria se tornou o presidente dos Estados Unidos, uma trupe de vikings invadiu o Capitólio e pessoas negras são, até hoje, mortas violentamente, mostrando que o Oeste continua precisando conhecer melhor o Sul e vice-versa.

Mas, sobretudo, o motivo constante para se ler Joan Didion, em qualquer momento e sobre qualquer época, é seu estilo que parece pairar acima do bem e do mal, ig-norando tempos e espaços, para mostrar como a melanco-lia, quando envolvida pela ironia e pela elegância, resultam num estilo que poucos conseguiram superar.

Noemi Jaffe

Prefácio

"**A IDEIA ERA** partir de Nova Orleans e, daí em diante, não tínhamos planos."

Essa é a ideia de muitas pessoas que vêm para Nova Orleans. Foi a ideia do explorador francês René-Robert Cavelier, Sieur de La Salle, que em 1684 partiu com o objetivo de fundar uma cidade na parte baixa do rio Mississippi, mas não conseguiu encontrar a foz no Golfo do México e, três anos depois, foi assassinado por sua tripulação amotinada. Foi a ideia de William Faulkner, que abandonou o cargo de chefe dos correios na Universidade do Mississippi e se mudou para Nova Orleans, porque detestava receber ordens, e de Tennessee Williams, que escreveu em seu diário: "Este certamente é o lugar para o qual *nasci*, se é que existe tal lugar neste mundo velho e louco". Não é preciso permanecer muito tempo para descobrir com que facilidade os planos feitos em Nova Orleans, assim como suas casas, são inundados e soterrados pela lama, despedaçando-se. "Esta vida", escreveu Williams, pouco antes de voltar para Nova York, "é só desintegração."

Joan Didion explicou sua decisão de visitar a Costa do Golfo na entrevista que deu em 2006 para a *Paris Review*:

"Eu tinha uma teoria de que, se conseguisse entender o Sul, eu entenderia algo sobre a Califórnia, porque muitos dos colonos que se estabeleceram na Califórnia vieram do Sul fronteiriço". É uma teoria que vai contra o senso comum, pois o Sul e o Oeste representam os dois polos da experiência americana: o Sul afogando-se em seu passado, o Oeste olhando adiante, para fronteiras distantes, com um otimismo fervoroso e inesgotável. "O futuro sempre parece promissor na terra dourada", escreveu Didion em "Some Dreamers of the Golden Dream" [Os que sonham o sonho dourado, em tradução livre], "porque ninguém se lembra do passado". No Sul, ninguém consegue se esquecer dele.

Didion passou um mês viajando pelo Sul do Golfo no verão de 1970, fazendo anotações e gravando conversas, mas não chegou a escrever nenhuma reportagem. Ela foi a São Francisco em 1976 para cobrir o julgamento de Patty Hearst para a *Rolling Stone*, mas descobriu que queria escrever sobretudo sobre sua própria infância e sobre o conceito de história no Oeste. As anotações de Didion, que superam em elegância e clareza a prosa acabada da maioria dos outros escritores, são um registro fascinante dessa época. Mas também são algo inquietante. Os leitores de hoje vão reconhecer, com alguma consternação e até mesmo com horror, o quanto há de familiar nesses retratos de uma América há muito desaparecida. Didion viu sua época com mais clareza do que qualquer outra pessoa, o que é outra maneira de dizer que ela foi capaz de ver o futuro.

———

Sul e Oeste é, em certo sentido, o mais revelador de seus livros. Essa pode parecer uma afirmação exagerada acerca de uma autora que escreveu sobre seus antepassados, seu casamento, sua saúde e, com uma franqueza dolorosa, sobre sua dor — os leitores de Didion já estão, afinal de contas, familiarizados com os detalhes pessoais de sua vida. Mas a escrita em si — a elegância majestosa de sua prosa, que parece ser escrita de uma distância enorme, até mesmo celestial, elevando a experiência pessoal até convertê-la em revelação universal — tem um caráter imaculado que intimida tanto quanto a porcelana de Chelsea. *Sul e Oeste* oferece pela primeira vez um vislumbre do interior dos muros da fábrica.

Para cada reportagem que entregava, Didion convertia as páginas de seus cadernos de espiral em álbuns de recortes feitos com material relacionado ao tema em questão. Ela incluía artigos publicados na imprensa e trabalhos de outros autores, como "The Search for Southern Identity" [A busca pela identidade sulista, em tradução livre], de C. Vann Woodward, resumos biográficos, listas de temas sugeridos, além de diálogos que ouvia e que, muitas vezes, parecem ter sido tirados de um de seus romances. ("Nunca estive em nenhum lugar ao qual quisesse ir", diz uma mulher de Biloxi.) Nas anotações descobrimos seus "truques jornalísticos", que não são exatamente truques, mas uma genialidade intuitiva para localizar, em determinada comunidade, as pessoas que melhor revelem seu caráter: o diretor da Faculdade de Cosmetologia local, o proprietário branco da estação de rádio negra, a consultora de noivas da maior loja de departamentos. As anotações também incluem transcrições de suas observações, que ela datilografava ao fim de cada dia. Esses registros representam um estágio intermediário da escrita, entre a taquigrafia e o primeiro rascunho, redigidos em um estilo informal e imediato pouco característico dela. Há frases que são ideias para frases e parágrafos que são ideias para cenas: "A terra parece fértil, e muita gente de Birmingham etc. (gente rica) mantém aqui terrenos para caça". "A maneira tipicamente rural com a qual foi me dando nomes." "A natureza decididamente 'pitoresca' e repleta de anedotas da história de São Francisco." "A sensação de que os esportes são o ópio do povo." "A sensação de não estar à altura da paisagem." O efeito pode ser desconcertante, como ver Grace Kelly fotografada com bobes nos cabelos ou ouvir as fitas demo nas quais Brian Wilson experimenta arranjos alternativos para "Good Vibrations".

No entanto, mesmo em sua versão mais informal, a voz de Didion, com sua sensibilidade para o grotesco e para a vaidade que dançam sob a superfície das experiências diárias, é inconfundível. A atmosfera de Nova Orleans "nunca reflete a luz, mas a absorve até que qualquer objeto brilhe com uma luminescência mórbida". O público que assiste diligentemente a *O amor é tudo* no cinema de Meridian olha para a tela "como se o filme fosse tcheco". Todos os rios são marrons e imóveis: "Uma sensação", escreve ela, "de mocassins-d'água." O fatalismo implacável de Didion sente-se em casa no Sul, especialmente em Nova Orleans: "As bananas apodreciam e abrigavam tarântulas. O mau tempo aparecia no radar, e era muito ruim. Crianças tinham febre e morriam".

Ela fez a viagem em um carro alugado, mas os momentos na estrada quase não são mencionados; em vez disso, temos a imagem surreal de Didion percorrendo o Sul do Golfo a nado em piscinas de hotel. Na piscina do Hotel Edgewater Gulf em Biloxi, "a água cheira a peixe"; no Howard Johnson, em Meridian, uma criança se seca com uma toalha de praia com a bandeira confederada; no Ramada Inn de Tuscaloosa, "tudo parecia feito de cimento, e úmido"; em Winfield, a piscina está repleta de algas; no Holiday Inn de Oxford, os programas de uma estação de rádio podem ser ouvidos embaixo d'água, e no St. Francis, em Birmingham, seu biquíni atrai comentários excitados vindos do bar. Deitada à beira da piscina, ela sente "a euforia da América das autoestradas: eu poderia estar em San Bernardino, ou em Phoenix, ou nos arredores de Indianapolis", mas todos esses hotéis parecem cenários. São sinalizadores da América plantados artificialmente na melancólica desolação do Sul Profundo, que nessas anotações parece um país estrangeiro, tão exótico quanto El Salvador, Vietnã, Granada ou os demais trópicos, com sua "morbidez, paranoia e fantasia", para os quais ela gravitava em seus ensaios e romances.

Mesmo os vislumbres de beleza inesperada — as cenouras-selvagens crescendo no entorno das estradas de ferro elevadas em Biloxi, a menininha sentada sobre a serragem amarrando anéis de latas de cerveja para fazer um colar — contribuem para a atmosfera generalizada de desassossego, de podridão e de "uma sonolência tão densa que parecia dificultar a respiração". Há uma longa tradição de visitantes do Norte que veem no Sul do Golfo uma atmosfera de perpétuo declínio, na qual "tudo parece entrar em decadência". Didion cita a frase de Audubon sobre "a natureza perigosa do solo, sua tendência ressumante, esponjosa e lamacenta", embora também possamos remontar a 1720, quando um oficial francês que visitava a região descreveu o terreno como "inundado, insalubre e impraticável". Didion trilha um caminho mais difícil, no entanto, quando explica sua tese central:

> uma sensação que me invadia de tempos em tempos, e que eu não conseguia explicar de forma coerente, de que durante alguns anos o Sul, e sobretudo a Costa do Golfo, havia representado para a América o que as pessoas ainda diziam que era a Califórnia, e o que me parecia que a Califórnia já não era: o futuro, a fonte secreta de energia maligna e benigna, o centro psíquico.

Como era possível que o Sul bitolado, com sua perpétua desintegração e sua decadência desafiadora, representasse o futuro? Didion admite que a ideia parece um oximoro, mas faz algum sentido. A resposta, ela suspeita, está em parte na sem-cerimônia com a qual os sulistas abordam questões como raça, classe social e legado histórico, "distinções que a ética da fronteira ensina as crianças do Oeste a negar e a deixar deliberadamente sem serem mencionadas". No Sul, essas distinções são visíveis, rígidas e se fala sobre elas com naturalidade. Didion visita Stan Torgerson, dono da "emissora étnica" de Meridian, que toca gospel e soul e apresenta um programa chamado *Adventures in Black History*, destinado a "destacar as contribuições do povo negro". Ele fala sobre a importância de aumentar o salário mínimo e investir na educação, ao mesmo tempo que toma cuidado para não enfatizar demais sua própria mente aberta. "Não estou dizendo que vou receber um pastor negro para jantar em minha casa hoje à noite", diz ele a Didion enquanto percorrem de carro o centro deserto da cidade, "porque não vou." Ela se depara com a mesma concepção de ordem social no banquete do Prêmio para Profissionais de Rádio e Televisão do Mississippi, onde o vice-governador lamenta as manifestações violentas nos campi universitários, e em Birmingham, onde alguém brinca com a "situação feudal" na qual vivem os arrendatários brancos das propriedades rurais dos ricos. Todos no Sul sabem qual é seu lugar. Não há pudor em falar sobre o assunto. Na verdade, é suspeito evitá-lo.

Esse tipo de pensamento parecia retrógrado na década de 1970. Do ponto de vista de Nova York, da Califórnia e até mesmo de Nova Orleans, ainda hoje parece. Mas, nas últimas quatro décadas, essa mentalidade sulista foi anexando territórios, se expandindo além da Linha Mason-Dixon e chegando ao resto da América rural. Ela se enraizou entre as pessoas — pelo menos entre os eleitores registrados — nostálgicas de um passado mais ordenado, quando os homens se encarregavam de caçar e pescar e as mulheres de "sua cozinha, suas conservas e seus 'adornos'"; quando a vigarice como forma de vida era algo aceito, sobretudo na política, e a segregação não era questionada; quando o fato de um supremacista concorrer a um cargo público era "um fenômeno totalmente justificável"; quando uma mulher casada sabia que não deveria viajar por território desconhecido de biquíni e sem aliança.

Durante mais de meio século, uma premissa nunca questionada entre aqueles que vivem em cidades americanas providas de aeroportos internacionais era que, com o tempo, os valores do Iluminismo iam se tornar um saber convencional. Alguns lutavam para que esse futuro chegasse mais rápido. Outros esperavam pacientemente. Mas ninguém parecia acreditar que ele nunca chegaria. Certamente ninguém em Los Angeles ou na região da Baía de São Francisco, que desde as reportagens de Didion apenas aceleraram a adoção de uma ética na qual o passado é fluido, carece de significado e foi castrado pelos avanços tecnológicos. De acordo com esse ponto de vista, o passado fica relegado ao reino do estético, ao que Didion descreve em "Notas da Califórnia" como "toques decorativos" — talheres e cortinas elegantemente envelhecidos. De acordo com essa perspectiva, o passado estava seguramente morto e não poderia voltar para ensanguentar a terra.

Na segunda década do novo milênio, no entanto, uma parte da população permanece desafiadoramente aferrada a esse antigo estilo de vida. Seguem acreditando na viabilidade de uma revolta armada. Assim como a própria Didion observou há quase cinquenta anos, a desaprovação externa, em particular da imprensa do Norte, só consegue reforçar sua solidariedade. Eles resistiram, primeiro com escárnio, em seguida com raiva, ao colapso das antigas categorias de identidade. Eles resistiram à premissa de que a pele branca não era digna de um respeito especial. Resistiram às novas tecnologias e às evidências científicas de um colapso ecológico global. E essa resistência foi forte o bastante para eleger um presidente.

Um escritor do Sul do Golfo escreveu certa vez que o passado nem sequer é passado. Didion vai além e sugere que o passado é também o futuro. E agora que vivemos nesse futuro, suas observações soam como uma advertência que não foi ouvida. Sugerem que quem sonhava com o sonho dourado da Califórnia não passava disso, sonhador, enquanto a "densa obsessão" do Sul e todo o espírito vingativo que vem com ela eram a verdadeira condição americana, a condição à qual todos vamos inevitavelmente retornar. Joan Didion foi para o Sul com o objetivo de entender algo sobre a Califórnia e acabou entendendo algo sobre a América.

Nathaniel Rich
Nova Orleans
Dezembro de 2016

Notas sobre o Sul

John e eu estávamos vivendo na Franklin Avenue, em Los Angeles. Havia algum tempo que eu queria revisitar o Sul, de forma que, em 1970, pegamos um avião para passar um mês lá. A ideia era partir de Nova Orleans e dali em diante não tínhamos nada planejado. Íamos aonde o dia nos levasse. Acho que me lembro de que John dirigia. Eu não ia ao Sul desde 1942-1943, quando meu pai estava em Durham, na Carolina do Norte, mas não parecia ter mudado muito. Na época, eu achava que dali poderia sair uma reportagem.

Nova Orleans

... o sonho purpúreo
da América que não fomos,
O império dos trópicos, buscando o mar cálido,
A última incursão da aristocracia...
        Stephen Vincent Benét, *John Brown's Body*

Eu gostaria de poder transmitir a vocês a natureza
perigosa do solo, sua tendência ressumante, esponjosa
e lamacenta...
        John James Audubon, *The Birds of America*, 1830

EM JUNHO O ar de Nova Orleans fica carregado de
sexo e morte, não uma morte violenta, mas uma morte por
decomposição, por excesso de amadurecimento, putrefação,
morte por afogamento, por asfixia, por febres de etiologia
desconhecida. O lugar é fisicamente escuro, escuro como o
negativo de uma fotografia, escuro como uma radiografia:
a atmosfera absorve sua própria luz, nunca a reflete, mas

a absorve até que qualquer objeto brilhe com uma luminescência mórbida. As criptas acima do solo dominam determinadas paisagens. Na liquidez hipnótica da atmosfera, todos os movimentos desaceleram até se converterem em uma coreografia, todas as pessoas na rua se movem como se estivessem suspensas em uma emulsão precária, e parece que entre os vivos e os mortos há apenas uma distinção técnica.

Certa tarde, na St. Charles Avenue, vi uma mulher morrer, tombada sobre o volante do carro.

— Está morta — declarou uma velha senhora que estava parada a meu lado na calçada, a alguns centímetros de onde o carro havia virado bruscamente e colidido contra uma árvore.

Depois que a ambulância chegou, eu segui a senhora pela luz aquosa do estacionamento do Hotel Pontchartrain e entrei atrás dela no café. A morte tinha parecido séria mas ao mesmo tempo casual, como se tivesse acontecido em uma cidade pré-colombiana onde a morte era algo esperado e que, no longo prazo, não tinha muita importância.

— De quem é a culpa? — dizia a senhora à garçonete do café, sua voz diminuindo gradualmente.

— Não é culpa de ninguém, srta. Clarice.

— Não dá para evitar.

— Não dá para evitar mesmo. — Eu achei que elas estivessem falando sobre a morte, mas estavam falando do clima. — Richard trabalhava no serviço de meteorologia e me disse que não podem fazer nada com o que aparece no radar. — A garçonete fez uma pausa, como se quisesse dar ênfase. — Eles simplesmente não podem ser responsabilizados.

— Não, não podem — disse a senhora.

— É o que aparece no radar.

As palavras ficaram suspensas no ar. Eu engoli um pedaço de gelo.

— E é isso — disse a senhora depois de algum tempo.

Era um fatalismo que eu acabaria reconhecendo como algo endêmico do tom característico da vida em Nova Orleans. Bananas apodreciam e abrigavam tarântulas. O mau tempo aparecia no radar, e era muito ruim. Crianças tinham febre e morriam, discussões domésticas terminavam em esfaqueamentos, a construção de estradas levava à corrupção e a rachaduras no pavimento por onde as trepadeiras tornavam a assomar. Assuntos de Estado caminhavam para ciúmes sexuais, como se Nova Orleans fosse Porto Príncipe, e todos os homens do rei se voltavam contra o rei. A temporalidade do lugar é operística, infantil, o fatalismo de uma cultura dominada pela selva. "Tudo que sabemos", disse a mãe de Carl Austin Weiss sobre o filho, que havia acabado de matar a tiros Huey Long em um corredor do edifício do Capitólio do estado da Louisiana, em Baton Rouge, "é que ele levava a vida a sério."

Por coincidência, aprendi a cozinhar com uma pessoa da Louisiana, onde a ávida preocupação dos homens com receitas e comida não era algo que me causasse estranheza. Vivemos juntos por alguns anos, e acho que o momento em que nos compreendemos melhor foi quando tentei matá-lo com uma faca de cozinha. Eu me lembro de passar dias inteiros cozinhando com N., talvez os dias mais agradáveis que passamos juntos. Ele me ensinou a fazer frango frito, a preparar recheio de arroz integral para aves, a picar endívias com alho e suco de limão e a temperar tudo que cozinhava com tabasco, molho Worcestershire e pimenta-do-reino. O primeiro presente que ele me deu foi um espremedor de alho, e também o segundo, porque quebrei o primeiro. Um dia, na Costa Leste, passamos horas preparando creme de camarão, depois tivemos uma discussão sobre a quantidade de sal necessária, e como havia passado várias horas bebendo Sazeracs, ele despejou um punhado de sal na sopa só para provar que tinha razão. Ficou parecendo uma salmoura, mas fingimos que estava ótimo. Atirar o frango no chão, ou as alcachofras. Comprar especiarias para cozinhar os mariscos. Ter conversas intermináveis sobre as possibilidades de um guisado de alcachofras com ostras. Depois que me casei, ele ainda me ligava de tempos em tempos para me pedir receitas.

Suponho que você ache que essa máquina é melhor do que a italiana. Suponho que você ache que tem toras de sequoia no quintal dos fundos. Suponho que você ache que sua mãe era a encarregada da venda de biscoitos do condado. Suponho que você ache que eu ocupo muito espaço em uma cama pequena. Suponho que você ache que a Schrafft's vende folhas de chocolate. Suponho que você ache que o sr. Earl "Cotovelo" Reum tem mais personalidade do que eu. Suponho que você ache que não há lésbicas em Nevada. Suponho que você ache que sabe lavar moletons à mão. Suponho que você ache que Mary Jane implica com você e que as pessoas lhe servem uísque ruim. Suponho que você ache que não tem uma anemia perniciosa. Tome aquelas vitaminas. Suponho que você ache que as pessoas do Sul são um pouco anacrônicas.

— Eis uma mensagem que esse homem me deixou quando eu tinha vinte e dois anos.

A primeira vez que estive no Sul foi no fim de 1942, início de 1943. Meu pai estava em Durham, na Carolina do Norte, e minha mãe, meu irmão e eu tomamos uma sucessão de trens lentos e lotados para nos juntar a ele. Em casa, na Califórnia, eu chorava à noite, havia perdido peso, queria ver meu pai. Achava que a Segunda Guerra Mundial era uma punição arquitetada especificamente para me privar da companhia do meu pai, havia compilado meus erros e, com um egocentrismo que naquela época beirava o autismo e que ainda me aflige em sonhos, quando tenho febre e no casamento, havia me declarado culpada.

Da viagem, me recordo sobretudo de um marinheiro que tinha acabado de ser torpedeado a bordo do *Wasp*, no Pacífico, e que me deu um anel de prata e turquesa, e que perdemos nossa conexão em Nova Orleans, não conseguimos um quarto e passamos uma noite sentados em uma varanda coberta do Hotel St. Charles, meu irmão e eu com trajes de verão de anarruga e minha mãe usando um vestido de seda com estampa xadrez azul-marinho e branca, sujo de terra por causa da viagem de trem. Ela nos cobriu com o casaco de visom que havia comprado antes de se casar e que vestiu até 1956. Nós estávamos viajando de trem em vez de ir de carro porque algumas semanas antes, na Califórnia, minha mãe emprestara o carro a uma conhecida que bateu com ele em um caminhão de alface nos arredores de Salinas, um fato a respeito do qual tenho certeza porque continua sendo motivo de rancor nas conversas do meu pai até hoje. A última vez que o ouvi mencionar esse acidente foi uma semana atrás. Minha mãe não disse nada, limitando-se a colocar na mesa mais uma mão de seu jogo de paciência.

Em Durham, ficamos alojados em um quarto com acesso à cozinha na casa de um pastor laico, cujos filhos comiam fatias grossas de pão cobertas de manteiga de maçã o dia todo e diante de nós se referiam ao pai como "reverendo Caudill". À noite, o reverendo Caudill levava para casa cinco ou seis litros de sorvete de pêssego, e ele, a mulher e os filhos se sentavam na varanda da frente, comendo o sorvete direto do pote enquanto ficávamos deitados em nosso quarto, vendo nossa mãe ler e esperando pela quinta-feira.

Quinta-feira era o dia que podíamos pegar o ônibus para a Universidade Duke, que tinha sido ocupada pelos militares, e passar a tarde com meu pai. Ele nos comprava uma Coca-Cola no edifício do grêmio estudantil, nos levava para dar uma volta pelo campus e tirava fotos de nós que ainda tenho comigo e que admiro de tempos em tempos:

duas crianças pequenas e uma mulher que se parece comigo, sentados à beira da lagoa, de pé ao lado do poço de desejos, fotos que sempre saíam com a luz estourada ou desfocadas e que, de qualquer forma, agora já estão desbotadas. Trinta anos depois, tenho certeza de que meu pai também devia passar fins de semana conosco, mas posso supor apenas que sua presença na casa pequena, sua tensão, sua privacidade agressiva e sua predileção por jogar dados a tomar sorvete de pêssego deviam me parecer tão potencialmente perturbadores que apaguei da mente todas as lembranças daqueles fins de semana.

Nos dias da semana que não eram quinta-feira, eu brincava com um conjunto de bonecas de papel que a sra. Caudill me emprestava, bonecas com o rosto de Vivien Leigh, Olivia de Havilland, Ann Rutherford e Butterfly McQueen, tal como haviam aparecido em *E o vento levou...*, e também aprendi com as crianças do bairro a comer batatas cruas cobertas com a fina terra de debaixo de nossa casa. Hoje eu sei que a alotriofagia é algo comum no Sul subnutrido, assim como sei por que na primeira quinta-feira em que fomos para Duke o motorista do ônibus se recusou a seguir com o automóvel até termos saído dos bancos de trás e ido para os bancos da frente, mas na época eu não sabia. Tampouco sabia que, para minha mãe, a temporada de alguns meses que passamos em Durham estava longe do ideal.

Eu não sei dizer com precisão o que me impeliu a passar um tempo no Sul no verão de 1970. Não havia compromissos jornalísticos em nenhum dos lugares que visitei na época: nada "aconteceu" em nenhum dos lugares onde estive, nenhum assassinato ou julgamento célebre, nenhuma ordem de reintegração ou confronto, nem mesmo um ato divino celebrado.

Eu tinha apenas uma sensação vaga e sem forma, uma sensação que me invadia de tempos em tempos, e que eu não conseguia explicar de modo coerente, de que durante anos o Sul, e sobretudo a Costa do Golfo, havia representado para a América o que as pessoas ainda diziam que era a Califórnia, e o que me parecia que a Califórnia já não era: o futuro, a fonte secreta de energia maligna e benigna, o centro psíquico. Eu não queria falar sobre isso.

Eu tinha apenas uma "imagem" muito efêmera na cabeça. Quando falava a respeito, só conseguia mencionar Clay Shaw, Jim Garrison e um piloto que conheci certa vez e que havia passado muitos anos voando entre o Golfo e pistas de pouso sem nome no Caribe e na América Central, a bordo de pequenos aviões em cujos manifestos de carga constavam apenas "flores tropicais". Conseguia citar apenas uma sensação de paranoia e conspirações febris, manipulações barrocas, sorvete de pêssego e uma noite desagradável que eu tinha passado na costa leste de Maryland em 1962. Resumindo, eu só conseguia soar perturbada. Então, em vez de falar a respeito, um dia, no verão de 1970, peguei um avião para o Sul, aluguei um carro e passei mais ou menos um mês viajando pelos estados da Louisiana, do Mississippi e do Alabama, sem me encontrar com nenhum porta-voz, sem cobrir nenhum evento e sem fazer nada além de tentar descobrir, como sempre, o que estava formando aquela imagem em minha mente.

Em Nova Orleans, velhos moradores se sentavam diante das casas e dos hotéis da St. Charles Avenue, se balançando de maneira quase imperceptível. No Bairro Francês eu os vi novamente (junto com crianças desoladas de cabelos compridos), sentados em sacadas, com uma tábua de passar roupa atrás, se balançando de leve, às vezes sem se balançar, apenas observando. Em Nova Orleans, eles são mestres na arte da imobilidade.

À noite, visitei o Garden District. O som de brincadeiras infantis ecoando no suave crepúsculo, ao redor das magnólias e das árvores com vagens felpudas e rosadas. O que eu vi naquela noite foi um mundo tão rico e complexo que me deixou quase desorientada, um mundo completo em si mesmo, um mundo de superfícies polidas, interrompidas ocasionalmente por um clarão de excentricidade tão profundo que tornava impossível qualquer tentativa de interpretação.

— Acho que ninguém sabe mais sobre o Sul do que as pessoas que estão nesta sala agora — disse meu anfitrião diversas vezes antes do jantar.

Estávamos na casa dele no Garden District com os volumes habituais de *Sewanee* e *The Southern Review*, além do retrato habitual de sua trisavó pintado por Degas, e ele estava se referindo à esposa e a um amigo, arquiteto de uma boa família de Mobile especializado em restaurar e construir casas em estilo neogrego em Nova Orleans.

E, é claro, também se referia a si mesmo. "Ben C.", os outros o chamavam, com uma inflexão afável na voz. "Pare com isso, Ben C.", diziam quando ele implicava com as duas mulheres, sua irmã e sua esposa, que estavam trabalhando juntas em um projeto para a Junior League, um guia de Nova Orleans. Ben C. já havia perguntado que "modalidade atlética" meu marido praticava e por que havia permitido que eu, enquanto fazia uma reportagem alguns anos antes, "passasse meu tempo me associando a um bando de hippies maconheiros".

— Quem lhe deu permissão? — repetiu ele.

Eu disse que não estava entendendo o que ele queria dizer.

Ben C. se limitou a olhar para mim.

— Quer dizer, quem ia me proibir?

— Você *tem* marido, não? — disse ele, por fim. — Esse homem que achei que era seu marido há anos, ele *não é* seu marido?

A noite, conforme se revelou, havia começado mal para Ben C. Ao que parecia, ele tinha convidado alguns de seus primos para o jantar, e todos haviam dado desculpas, o que ele considerou "indesculpável". Além disso, parecia que a desculpa dada por um dos primos, que no fim das contas era um escritor sulista bastante conhecido, era que tinha um compromisso prévio com o diretor de um programa de assistência a famílias de baixa renda, e Ben C. considerara isso particularmente indesculpável.

— O que eu deveria concluir? — perguntou ele retoricamente à esposa. — Devo concluir que ele perdeu o juízo?

— Talvez você deva concluir que ele não queria vir ao jantar — respondeu ela, e então, como se quisesse disfarçar a irreverência, suspirou. — Só espero que ele não se misture demais com os *crioulos*. Você sabe o que aconteceu com George Washington Cable.

Tentei me lembrar do que tinha acontecido com George Washington Cable.

— Ele acabou tendo que ir para o *Norte*, foi o que aconteceu.

Eu disse que só queria saber o que as pessoas do Sul pensavam e faziam.

Ele continuou a olhar para mim. Tinha o rosto redondo e com os traços suaves das pessoas ricas de Nova Orleans, a ausência de angulosidade que caracteriza o blend genético local. Tentei imaginar quem teria provocado sua ira ao ir para o Norte e se lamentar.

— Eu diria que nós sabemos mais sobre o tema — afirmou Ben C. por fim, elevando um pouco a voz — do que um tal sr. Willie Morris.

Nós comemos truta com échalotes e cogumelos. Bebemos vinho branco e um pouco mais de uísque. Aproveitamos a noite. Eu não sabia por que o espectro de um tal sr. Willie Morris tinha se materializado naquela sala de estar no Garden District, tampouco perguntei.

A esposa e a irmã de Ben C., a sra. Benjamin C. Toledano e a sra. Beauregard Redmond, que em breve passaria a ser a sra. Toledano Redmond, me deram várias sugestões para que eu compreendesse o Sul. Elas me disseram para passear pela Bourbon ou pela Royal até a Chartres, tinha que passear pela Chartres até a Esplanade. Tinha que tomar café com donuts no Mercado Francês. Não podia deixar de ir à Catedral de St. Louis, ao Presbitério e ao Cabildo. Tínhamos que ir almoçar no Galatoire's: truta com amêndoas ou truta Marguery. Tínhamos que comprar um exemplar de *The Great Days of the Garden District* [Os grandes dias de Garden District, em tradução livre]. Tínhamos que visitar as fazendas Asphodel, Rosedown e Oakley. A mansão Stanton Hall em Natchez. O Grand Hotel em Point Clear. Tínhamos que jantar no Manale's e fazer uma visita guiada pelo Coliseum Square Park. Eu tinha que apreciar a elegância e a beleza de seu estilo de vida. Aquelas mulheres pareciam encarar todas essas elegantes inquietações com um espírito ao mesmo tempo dedicado e meramente tolerante, como se vivessem a vida em diversos níveis contraditórios entre si.

Uma tarde, pegamos a balsa para Algiers e dirigimos por cerca de uma hora ao longo do rio, pela paróquia de Plaquemines. Trata-se de uma região peculiar. Algiers é uma emulsão questionável de chalés de tábuas brancas e complexos de apartamentos construídos com materiais de má qualidade, os apartamentos Parc Fontaine e similares, e o percurso de carro margeando o rio nos leva por uma paisagem mais metafórica do que qualquer outra que já vi fora do Deserto de Sonora.

Aqui e ali, é possível ver o dique, à esquerda. Milho e tomates crescem a esmo, como plantas aclimatadas. Estou acostumada demais à agricultura como agronegócio, às exuberantes paisagens dos vales californianos, onde todos os recursos da Standard Oil e da Universidade da Califórnia se evidenciam em uma constante e vistosa produtividade. É PROIBIDO CAÇAR QUADRÚPEDES, dizia uma placa em Belle Chasse. O que será que isso quer dizer? Que é permitido caçar répteis? Bípedes? Há cachorros mortos à beira da estrada, um cemitério semiafundado em meio a um bosque de carvalhos vivos.

Quando nos aproximamos de Port Sulphur, começamos a ver fábricas de enxofre, os tanques reluzindo sinistramente àquela luz peculiar. Atropelamos três serpentes em uma hora de trajeto de carro, uma delas uma mocassim-d'água preta e grossa que jazia morta e contorcida na única pista da estrada. Havia lojas de antiguidades decadentes, barraquinhas de tomate e um salão de beleza chamado Feminine Fluff, "Penugem Feminina". As serpentes, a vegetação rasteira apodrecida, a luz sulfurosa: as imagens são tão específicas de um pesadelo que quando parávamos para colocar gasolina e para pedir informações, eu tinha que reunir coragem e anestesiar cada nervo para sair do carro e pisar no chão de conchas de ostra trituradas diante do posto de gasolina. Quando voltamos para o hotel, passei quase meia hora no chuveiro tentando lavar do meu corpo a sujeira daquela tarde, mas logo comecei a me perguntar de onde viria aquela água, os lugares sombrios onde ela havia se acumulado.

Quando penso em Nova Orleans agora, me lembro principalmente de sua densa obsessão, de sua vertiginosa preocupação com raça, classe, legado histórico, elegância e ausência de elegância. Ao que parece, todas essas preocupações envolvem distinções que a ética da fronteira ensina as crianças do Oeste a negar e a deliberadamente não mencioná-las, mas em Nova Orleans essas distinções são a base de muitas conversas e são o que dá a essas conversas sua peculiar crueldade e inocência infantil. Em Nova Orleans também se fala de festas e de comida, as vozes se elevando e baixando, nunca constantes, como se falar sobre qualquer coisa pudesse manter a natureza selvagem distante. Em Nova Orleans há a sensação de que a natureza selvagem está muito próxima, não como a natureza redentora da imaginação do Oeste, mas algo repulsivo, velho e malévolo, a ideia da natureza selvagem não como uma fuga da civilização e de seus descontentamentos, mas como uma ameaça mortal a uma comunidade precária e colonial em seu sentido mais profundo. O efeito é vívido e avarento e intensamente egocêntrico, um tom bastante comum em cidades coloniais e que constitui a principal razão por que acho essas cidades estimulantes.

De Nova Orleans a Biloxi, Mississippi

A autoestrada Chef Menteur, que sai de Nova Orleans, tem um ar de pântano inutilmente reivindicado. Loteamentos deprimentes evocam em seus outdoors o romance de Evangeline. Barracas na beira da estrada vendem estátuas de gesso da Virgem Maria. Os postos de gasolina anunciam que distribuem adesivos grátis da bandeira. De vez em quando é possível ver, à esquerda, o lago Pontchartrain e os cascos enferrujados dos barcos em estaleiros.

O resto é pântano. Placas rústicas indicam estradas de terra e às margens da estrada há barracas ou "acampamentos" de pesca. As caixas de correio são sustentadas por correntes rígidas e retorcidas, como se os moradores locais tivessem tanta consciência quanto o viajante da presença de serpentes. A luz é estranha, ainda mais peculiar do que a de Nova Orleans, uma luz que é completamente absorvida por aquilo que toca.

Paramos em uma barraca que vende quinquilharias chamada Beachcomber, "O Garimpeiro". Um rapaz reabastecia a máquina de Pepsi do lado de fora. Em um varal, toalhas pendiam, inertes, em exposição: "Ponha seu (imagem de um CORAÇÃO) em Dixie ou tire seu (imagem de um TRASEIRO) daqui!" Lá dentro, havia caixas de conchas e arraias secas. "Eles trazem do México", disse o rapaz.

Do outro lado da fronteira do Mississippi, pegamos uma estrada secundária que atravessava uma floresta de pinheiros e levava ao que uma placa dizia ser a Fazenda E. Ansley. Estava começando a chover, e quando passamos por um lago, uma dúzia de garotos saíram da água e entraram em dois carros. Um deles achava que a chuva tinha arruinado o dia e que agora ficariam sem nada para fazer e entediados. O clichê da estrada solitária no Sul tinha certo sentido ali. De tempos em tempos era possível ver carapaças de tatu pela estrada. Continuou a chover. Os garotos e os carros desapareceram. Não encontramos a Fazenda E. Ansley, tampouco outra propriedade.

Letreiros de venda de fogos de artifício e placas indicando uma fazenda de répteis adiante. A chuva diminuiu e nós paramos na fazenda de répteis. A Casa dos Répteis era um pequeno barraco nos fundos da construção principal que ficava junto à estrada, depois de um pátio de terra no qual galinhas corriam soltas. Era um lugar imundo, coberto de cascas de amendoim e de embalagens vazias de latinhas de Dad's Root Beer e Suncrest Orange Drink. Havia alguns macacos-prego e duas jiboias imensas e letárgicas em engradados de madeira, além de uma cobra-real-salpicada e duas cascavéis. Uma gaiola com a inscrição MOCASSIM-CABEÇA-DE-COBRE parecia estar vazia. Ao entrar na Casa dos Répteis, nos deparamos com uma família, um garoto de cerca de nove anos, o pai e uma mulher usando calças compridas, os cabelos presos no alto da cabeça e cobertos de laquê.

Ficamos parados, nós cinco, observando inquietos a chuva torrencial, presos juntos na Casa dos Répteis. A terra do lado de fora estava se transformando em um denso lamaçal. Em uma poça lamacenta a alguns metros de distância, jacarés se contorciam. Um pouco adiante, uma placa dizia NINHO DE VÍBORAS.

— Eu jamais teria parado se soubesse o que havia lá fora — disse a mulher.

— E o que havia lá fora? — perguntou o marido dela.

— O ninho de víboras, é claro. O que você acha que tem lá fora?

O homem tamborilou com os dedos na parte de cima de um engradado de madeira. A jiboia lá dentro se enroscou ainda mais. Para puxar conversa, perguntei ao homem se eles tinham visitado uma construção mais distante com o nome de Casa dos Répteis.

— Não tem réptil nenhum lá em cima — disse ele, e, em seguida, como se eu pudesse duvidar: — A mulher disse que não tem réptil nenhum no andar de cima. Ela nos disse para não entrar.

— Talvez haja répteis no andar de baixo — sugeri.

— Isso eu não sei — disse ele. — Mas eu não entraria.

— É claro que *você* não entraria — rebateu a mulher baixinho.

Ela continuava olhando fixamente para o ninho de víboras.

Eu estava apoiada na caixa vazia da mocassim-cabeça-de-cobre, ouvindo o sussurro da chuva, quando fui tomada pela sensação inquietante de que o sussurro vinha de dentro da caixa. Olhei de novo e lá estava, uma mocassim-cabeça-de-cobre, quase escondida debaixo da própria pele que havia trocado.

Nós desistimos uns dos outros, e da possibilidade de a chuva parar, e saímos correndo pela lama até a casa principal. Eu escorreguei, caí no barro e fui tomada por um pânico instantâneo e irracional de que havia serpentes na lama à minha volta.

Na loja de souvenirs, a mulher e eu pagamos dez centavos cada uma para usar o banheiro. Com outra moeda de dez centavos, comprei uma xícara de café frio em uma máquina e tentei afastar o frio. A mulher comprou para o filho um sanitário de porcelana com uma criança pequena desaparecendo pelo cano e a frase "Adeus, doce mundo". Comprei uma toalha de praia barata com a bandeira confederada. Está puída e desbotada agora, e fica guardada em um armário de roupas de banho na Califórnia, em meio a toalhas de praia Fieldcrest, grossas e de cores delicadas, e minha filha a prefere às toalhas boas.

De Pass Christian a Gulfport

No verão de 1970, os destroços do furacão de 1969 já tinham se incorporado naturalmente à paisagem de Pass Christian. As mansões na beira da praia estavam abandonadas, escolas e igrejas tinham sido destruídas, as janelas das casas pendiam, retorcidas. A devastação no Golfo tinha um ar de inevitabilidade: a costa estava voltando a seu estado natural. Havia placas de À VENDA por toda parte, mas era impossível imaginar que existisse compradores. Eu me lembrei das pessoas falando de Pass Christian como um local de veraneio, e de fato as casas ali um dia tinham sido bonitas e brancas, as bandeiras dos Estados Unidos não estavam desbotadas, mas mesmo nos anos bons devia ter havido algo inquietante ali. As pessoas ficavam sentadas nas varandas cercadas de telas de mosquiteiro, esperando que algo acontecesse. Certamente aquele lugar nunca tinha conseguido ser um centro turístico, se a principal característica de um resort é a segurança: aqui reina aquela agourenta luz branca/escura tão característica de todo o Golfo.

A prefeitura de Pass Christian fica de costas para o Golfo, e quando se está diante do prédio, a frente parece a fachada do *backlot* de um estúdio de cinema há muito abandonado. Através das janelas quebradas é possível ver o brilho escuro do Golfo. Dá vontade de fechar os olhos.

Long Beach parecia mais pobre, ou parecia ter sido mais atingida, ou as duas coisas. Não havia nenhuma daquelas casas grandes e brancas com varandas protegidas dos mosquitos. Havia trailers e uma escada de metal retorcida marcando o lugar onde antes do furacão havia uma piscina. As missas estavam sendo realizadas no ginásio da escola. Na praia, havia uma ou outra mulher com crianças. As mulheres usavam roupas de banho de duas peças, shorts e tops, em vez de biquínis. Ao longo de toda a costa havia carros estacionados e mesas onde se vendiam discos coloridos que giravam no ar, ao que parecia indefinidamente. Nos carros havia cartazes escritos à mão que diziam ESTAÇÃO ESPACIAL. A uma grande distância, era possível ver discos tremeluzindo à luz.

Em Gulfport, a capital do condado de Harrison, um petroleiro, partido ao meio durante o furacão, enferrujava a pouca distância da praia. O calor era inclemente, as ruas do centro, largas e desprovidas de árvores. *Os 5 guerrilheiros* era exibido no cinema Sand de Gulfport, e ia passar no Avenue, em Biloxi. Entramos em um café no centro para comer alguma coisa. O letreiro dizia apenas CAFÉ. No cardápio havia feijões vermelhos com arroz, e os únicos ruídos no estabelecimento, envolto na quietude da tarde, eram o zumbido do ar-condicionado e os cliques da máquina de pinball. Todos no local pareciam estar ali havia muito tempo, e pareciam se conhecer. Depois de algum tempo, um homem se levantou, deixando sua cerveja, e foi até a porta.

— Vou ao hospital — disse ele por cima do ombro.

Entre Gulfport e Biloxi, os telhados das casas que davam para o Golfo tinham sido arrancados. Havia carvalhos retorcidos e partidos. Ao longe, era possível divisar o farol de Biloxi, uma torre branca que reluzia de maneira peculiar à estranha luz da tarde.

Eu nunca havia imaginado que iria à Costa do Golfo casada.

Biloxi

No Golfo, tudo parece se deteriorar: paredes ficam manchadas, janelas enferrujam. Cortinas mofam. A madeira empena. Aparelhos de ar-condicionado param de funcionar. Em nosso quarto no Hotel Edgewater Gulf, onde estava acontecendo a Convenção de Profissionais do Rádio e da Televisão do Mississippi, o aparelho de ar-condicionado na janela tremia e chocalhava violentamente toda vez que era ligado. O Edgewater Gulf é um hotel enorme e branco que parece uma grande lavanderia ao mesmo tempo que lembra uma construção à beira da condenação. A piscina é grande e mal cuidada, e a água cheira a peixe. Atrás do hotel há um shopping novo construído em torno de uma galeria coberta com ar-condicionado, e comecei a fugir para lá para tentar voltar à América normal.

No elevador do Edgewater Gulf:

— Walter, acho que vocês cresceram mais do que qualquer outra cidade do Mississippi.

— Bem, os números estão sendo revistos.

— Não foram tão altos quanto a câmara de comércio esperava?

— Não, bem...

— Aconteceu a mesma coisa em Tupelo. Em Tupelo eles exigiram uma recontagem.

— Bem, francamente, acho que não temos tanta gente. Eles veem os carros e acham que aquelas pessoas moram aqui, mas elas vêm de lugares próximos, gastam um dólar por dia...

— Um dólar, se tanto.

Os dois homens falavam voltados para o elevador, em vez de olharem um para o outro. O diálogo tinha um tom sério. A possibilidade de "crescimento" nas pequenas cidades do Mississippi é um desejo eterno que se vê sempre negado. A Convenção de Profissionais do Rádio e da Televisão do Mississippi era, todos me asseguraram, "a melhor convenção do estado do Mississippi".

Certa noite, depois do jantar, fomos dar uma volta de carro por Biloxi e paramos para assistir a uma partida da Pony League sendo disputada sob luzes muito potentes. Havia homens vestindo camisa de mangas curtas e mulheres usando blusas de algodão desbotadas e calças capri sentados nas arquibancadas, assistindo às crianças jogarem, Holiday Inn contra Burger Chef. Debaixo das arquibancadas, algumas crianças brincavam descalças na terra e havia uma viatura da polícia estacionada, com o motor em ponto morto e as portas abertas. Lá dentro não havia ninguém. A partida finalmente chegou ao fim, embora ninguém tivesse ficado satisfeito.

Há trilhos de trem passando por todas as pequenas cidades do Mississippi, ou pelo menos é o que parece, e em todos os cruzamentos há uma placa que diz POLÍCIA DO MISSISSIPPI/PARE. Os trilhos são elevados, e cenouras-selvagens crescem em torno deles.

Depois da partida da Pony League, fomos tomar uma cerveja em um bar a alguns quarteirões de distância, e lá encontramos outras pessoas que estavam nas arquibancadas, mas nenhuma criança à vista. Aparentemente era apenas uma maneira de passar o tempo ao entardecer de verão. Provavelmente já tinham assistido a *Os 5 guerrilheiros*; fazia calor nas casas e ao pôr do sol já haviam terminado de jantar.

Outra maneira de passar o tempo naquela noite (embora eu acredite que fosse um passatempo quase imperceptivelmente mais relacionado à classe média) era no Rodeio de Pesca da Kiwanis, onde os maiores peixes capturados no dia ficavam expostos em bandejas com gelo. Na serragem sob o toldo, uma menininha estava sentada, amarrando lacres de latas de cerveja para fazer um colar.

Às 10h30 de determinada manhã da Convenção dos Profissionais do Rádio e da Televisão do Mississippi, foi realizado, no salão de baile do Edgewater Gulf, um evento assinalado no programa como "Brunch para senhoras". O Billy Fane Trio tocou e Bob McRaney sr., dono da WROB, de West Point, presidiu.

— O Billy Fane Trio está se tornando uma espécie de instituição no que diz respeito à nossa convenção — disse ele, e em seguida apresentou o próximo número musical:

— Hoje temos um número que... acho que... a menos que vocês estivessem em uma reserva indígena, e não muitos estiveram... vai lhes parecer bastante original e incomum, para dizer o mínimo. No Colorado... ou em algum lugar no Oeste... há um povoado pitoresco chamado Taos. E nesta manhã temos conosco um jovem que aperfeiçoou uma dança com o arco de Taos... O nome dele é Allen Thomas, de Franklinton, Louisiana... acompanhado de Martin Belcher nos tambores indígenas.

— Vocês vão adorar esse número — disse alguém na minha mesa. — Nós o vimos na escola em 1949.

— Eu gostaria de saber tocar órgão assim — afirmou outra pessoa enquanto o Billy Fane Trio tocava.

— Mas você não sabe?

— Vocês precisam vir nos visitar — disse uma terceira mulher. Todas as mulheres eram jovens, a mais velha delas devia ter trinta anos. — Eu posso tocar órgão para vocês.

— Nós nunca conseguiremos ir — respondeu a primeira mulher. — Nunca estive em nenhum lugar ao qual quisesse ir.

Havia uma rifa sendo realizada entre os presentes no almoço, e o primeiro prêmio era um revestimento de madeira projetado para as paredes de um cômodo. As mulheres realmente queriam aquele revestimento, e também queriam o conjunto de facas de trinchar, o baralho, o par de sapatos Miss America, o espelho de maquiagem com luzes embutidas e a xilogravura de Jesus Cristo. Relembraram quem entre elas havia ganhado os prêmios da rifa no ano anterior, e a sala foi tomada pela inveja nostálgica que sentiam umas das outras. Garotinhas com sandálias e vestidos de verão brincavam nos fundos do salão, esperando pelas mães, que agora, em pleno sorteio, se comportavam como crianças.

Era surpreendente e desconcertante constatar como aquelas pessoas estavam isoladas do que era normal na vida americana em 1970. Toda a informação que recebiam era de quinta mão e ia sendo mitificada pelo caminho. Afinal de contas, que importância tem onde fica Taos, se Taos não fica no Mississippi?

No banquete do Prêmio dos Profissionais de Rádio e Televisão do Mississippi, houve muitas piadas e parábolas. Eis uma piada: "Você sabe o que sai do cruzamento de um violino com um galo? A resposta é: se você olhar para o seu quintal, onde ficam as galinhas, poderá ver alguém *violindo* seu galo". Essa piada me pareceu interessante, já que não tem nada de engraçado, mas mesmo assim todos gargalharam, e nas mesas ao meu redor as pessoas a repetiram para quem não tivesse conseguido ouvir.

E aqui está uma parábola que ouvi naquela noite:

— Havia uma abelha zumbindo em um campo de trevos, então apareceu uma vaca e engoliu a abelha, a abelha continuou zumbindo lá dentro, fazia calor e ela estava com sono, de modo que foi dormir e, quando despertou, a vaca tinha desaparecido.

Pelo que me lembro, a parábola ilustrava algo relacionado não com os maus, mas com os bons tempos do rádio e da televisão, e ao que parece transmitia sua ideia para o público com muita clareza, mas eu continuei sem entender.

Na tribuna, alguém mencionou diversas vezes que íamos "entrar na era espacial nesta nova década", no entanto, parecíamos estar muito longe disso e, de qualquer forma, já não havíamos entrado na era espacial? Tive a sensação de já estar havia tanto tempo na Costa do Golfo que minhas fontes de informação também eram distantes e inacessíveis e, assim como as mulheres no Brunch das Senhoras, nunca conseguiria ir a nenhum lugar ao qual quisesse ir. Um dos prêmios naquela noite foi para a "Melhor Série de Programas Realizados por uma Mulher".

O almoço era em homenagem ao congressista William Colmer (democrata do Mississippi), que estava havia trinta e oito anos na Câmara dos Representantes e era presidente do Comitê de Regulamento da Câmara. Ele ia receber o prêmio de Homem do Ano e tinha ido acompanhado de sua assistente, sua mãe e sua secretária. Ao aceitar o prêmio, o deputado Colmer comentou entredentes que havia "maçãs podres em todos os pomares" e ao falar sobre o interesse do resto da nação no estado do Mississippi, disse que era "como ter um obstetra em New Jersey quando o bebê está nascendo no Mississippi".

— Temos muita publicidade negativa por aqui — disse alguém ao receber um prêmio por Serviço Público Destacado.

A solidariedade engendrada pela desaprovação externa era algo que se evocava constantemente. A situação parecia ter chegado a um ponto em que todos os cidadãos do Mississippi estavam unidos de uma maneira que simplesmente não se repetia com os residentes de nenhum outro estado. Eles só ficavam confortáveis entre si. O que compartilhavam parecia ser mais relevante do que qualquer diferença que pudessem ter, fosse de classe, econômica ou mesmo racial.

Charles L. Sullivan, apresentado como "vice-governador do estado do Mississippi e membro da Igreja Batista de Clarksdale", se levantou para falar.

— Estou cada vez mais convencido de que vivemos na era dos manifestantes, pessoas indisciplinadas, maltrapilhas, desinformadas e às vezes antiamericanas, que perturbam a vida pública e privada deste país.

Ele reclamou da imprensa, "que se contenta em soltar alguns 'ah, eu odeio as pessoas do Mississippi' em voz alta":

— Essa geração adulta realizou mais do que qualquer outra na história da civilização, deu início à exploração do espaço infinito de Deus. Simplesmente me recuso a ouvi-los reclamar de uma situação que eles mesmos começaram. Não acredito que o direito de discordar seja o direito de destruir a Universidade de Jackson ou a de Kent State ou [o "até mesmo" estava implícito] a de Berkeley. Se é verdade, como dizem, que perderam a esperança no processo democrático, então eu e meus colegas manifestantes vamos insistir agora e sempre que, se nosso sistema tiver que ser modificado, é preciso mudá-lo nas urnas e não nas ruas.

— E terminou com o final de todos os discursos sulistas:

— Podemos viver todos juntos com a dignidade e a liberdade que seu Criador certamente quis nos dar.

Com muitos homens da Patrulha Rodoviária como convidados de honra, o banquete e todo aquele discurso tinham uma mensagem implícita, já que havia sido a Patrulha Rodoviária quem disparara tiros em Jackson.

Anotações aleatórias sobre o fim de semana: o gerente da emissora de rádio negra de Gulfport na fila, conversando com Stan Torgerson, de Meridian, sobre a programação de música negra, e Torgerson dizendo que programava canções do Top 40, nada de soul ou deep blues, e que também era proprietário de uma loja de discos, "então eu sei muito bem o que eles compram". Bob Evans, do WNAG de Grenada, tentando explicar a estrutura de classes sociais das cidades do Mississippi usando como exemplo cinco famílias, com o banqueiro sempre no topo porque é ele quem concede empréstimos. Uma garota negra, estudante da Universidade Estatal de Jackson, apresentou uma lista de demandas em uma reunião da tarde e todos me explicaram que ela fez isso "de maneira muito cortês". Um tributo à cobertura informativa durante o furacão Camille, quando "as emissoras de rádio e televisão trabalharam em harmonia sinfônica com a agência meteorológica e as autoridades de defesa civil". Depois do desastre, "celebridades de todo o país vieram até aqui: Bob Hope, as Golddiggers, Bobby Goldsboro. O fato de Bob Hope ter vindo fez as pessoas verem que o país realmente se importava". A sra. McGrath, de Jackson, se aproximou para me dizer ao ouvido que a Universidade Estatal de Jackson era uma roubada.

Os centros turísticos da Costa do Golfo sobrevivem, em certa medida, das apostas ilegais, de cassinos escondidos entre os pinheiros e conhecidos por todos os turistas. A máfia é poderosa na costa.

As mulheres no brunch, falando sobre a televisão:

— Eu deixo ligada para ver as séries.

— Eu preciso ter uma por causa das séries.

— Eu só ouço rádio quando estou na cozinha.

Perguntei se ela escutava enquanto dirigia. A bela jovem olhou para mim como se estivesse realmente perplexa.

— Dirigir para onde? — perguntou ela.

Eu não sabia por que tínhamos ido para Meridian em vez de Mobile, como havíamos planejado, mas depois de alguns dias pareceu imprescindível deixar o Golfo e aquele ar asfixiante.

Na estrada de Biloxi para Meridian

De tempos em tempos nos deparávamos com chuvas e céu nublado e com florestas de pinheiros jovens. Em uma estação AM de Biloxi, 1400 no dial, ouvi Richard Brannan contar uma parábola sobre "uma viagem de veleiro às Ilhas Bahamas". O rádio do barco quebrou, mas no fim das contas conseguiram consertá-lo e seguiram para o porto.

— Todo mundo fica feliz quando encontra a direção certa — disse ele. — Falo isso porque há outra embarcação correndo o risco de se perder... a velha embarcação do estado.

Então eles tocaram "America the Beautiful" com um coro angelical. Era domingo. Por toda parte havia lotes de trailers à venda com placas que diziam REINTEGRAÇÃO DE POSSE, os trailers com placas de todo o Sul.

Em McHenry, Mississippi, que não passava de um posto de gasolina, alguns barracos e uma estrada de terra que adentrava o bosque de pinheiros, três crianças descalças brincavam no chão de terra do posto de gasolina. Uma garotinha loira de cabelos compridos e despenteados e um vestido azul-violáceo sujo que ia até abaixo dos joelhos levava de um lado para outro uma garrafa de Sprite vazia. O mais velho dos dois meninos conseguiu abrir a máquina de Coca-Cola e todos discutiram gentilmente sobre as escolhas de cada um. Uma picape com a caçamba abarrotada de móveis quebrados e colchões sujos estacionou: às vezes eu tinha a impressão de que havia um trânsito de colchões por todo o Sul. Uma mulher loira de meia-idade operava a bomba de gasolina.

— Um dos rapazes está de folga hoje, então me colocaram para trabalhar — disse ela.

Seguimos viagem, passando por rebanhos de gado, uma Igreja de Deus, um letreiro de cerveja Jax (Fabacher) e a empresa madeireira Wiggin Lumber Co.

Uma sonolência tão densa que parecia dificultar a respiração pairava sobre Hattiesburg, Mississippi, às duas ou três da tarde daquele domingo. Não havia lugar para comer nem para abastecer o carro. Nas ruas largas e arborizadas, as casas brancas ficavam recuadas. Às vezes, eu via um rosto em uma janela. Nas ruas não vi ninguém.

Nos arredores de Hattiesburg, paramos em um local identificado como CAFÉ–POSTO DE GASOLINA–PARADA DE CAMINHÕES para comer um sanduíche. Atrás da caixa registradora, havia uma jovem loira emburrada com cara de quem tinha pelagra, e dois homens estavam sentados em um reservado. Atrás do balcão, havia uma mulher com um vestido de ficar em casa de poliéster rosa. Nenhum lampejo de expressão atravessava seu clássico rosto montanhês, e seus movimentos eram tão lentos que acabavam sendo hipnóticos. Ela transformou o ato de colocar gelo em um copo em uma espécie de balé. Atrás dela, uma máquina de sorvete vazava e soltava pingos espessos, e de tempos em tempos cubos de gelo caíam dentro da máquina. Nem ela nem a jovem nem os dois homens disseram uma palavra durante o tempo que estivemos lá. O jukebox tocava "Sweet Caroline". Todos me observavam enquanto eu comia um queijo--quente. Quando voltamos para o calor escaldante do lado de fora, um dos homens nos seguiu e observou enquanto nos afastávamos de carro.

Em Laurel, 29 mil habitantes: GRÁTIS ADESIVOS DA BANDEIRA, como em todo lugar. ABASTEÇA SEU PRÓPRIO CARRO E ECONOMIZE 5 CENTAVOS. É divertido. Barracos nas ruas mais afastadas. Uma mulher negra na varanda da frente, sentada no banco traseiro de um carro.

Automóveis canibalizados e enferrujados por toda parte, em valas tomadas pelas ervas daninhas. Flores silvestres brancas, terra vermelha. Os pinheiros dali eram mais baixos e frondosos. Vacas Hereford. Em uma época em que passamos a associar terrenos não urbanizados a áreas verdes e luxo, o Mississippi tinha uma aparência de riqueza. Nós nos esquecíamos que se tratava de uma região pré-industrial, não de uma área verde adquirida a um preço muito elevado em uma sociedade industrial. Pouquíssimos daqueles terrenos silvestres eram cultivados, mesmo que minimamente. De vez em quando um milharal, e nada mais.

Algumas placas em Enterprise, Mississippi: SETE HAMBÚRGUERES POR 1 DÓLAR. CHULETAS DE UM PALMO E MEIO A 30 CENTAVOS. Pessoas sentadas nas varandas.

Basic City, Mississippi, cidadezinha que não consta do mapa. Você entra em uma rua e ali, na confluência de dois trilhos de trem, há uma casa de madeira branca muito bonita, com um gramado verde e uma pérgola. Flores brancas rendilhadas. A excentricidade de sua localização deixa o espectador sem palavras. Do outro lado de um conjunto de trilhos de trem, há uma placa: VIA PRIVADA DOGWOOD SPRINGS, FAMÍLIA DE M.E. SKELTON, PROPRIETÁRIO. BASIC CITY, MISSISSIPPI. De volta à estrada, a que leva a Meridian, U.S. 11, há o letreiro BASIC COURT CAFÉ, AR--CONDICIONADO. Quando saí de Basic City, um trem ressoava, da linha Meridian & Bigbee. No Sul, vê-se trens o tempo todo. Trata-se realmente de outra época.

Nadando no Howard Johnson's de Meridian

O Howard Johnson's de Meridian fica na interseção entre a Interestadual 20 — que vai para o leste e o oeste — e a

Interestadual 59 — que vai para o Norte e o Sul, de Nova Orleans a Nova York. População de cinquenta e oito mil habitantes, e do outro lado do gramado e das grandes cercas de metal, grandes caminhões se deslocam a toda velocidade entre Birmingham, Jackson e Nova Orleans. Sentada à beira da piscina às seis da tarde, senti a euforia da América Interestadual: eu podia estar em San Bernardino, em Phoenix ou nos arredores de Indianapolis. Crianças mergulham na piscina. Uma criança de três anos se dirige perigosamente para a parte mais funda, e a mãe a chama de volta. A mãe e os três filhos são da Georgia e estão hospedados no Howard Johnson's enquanto procuram uma nova casa em Meridian.

— Nunca mais quero voltar para a Georgia — diz o menino. — Quero morar aqui.

— Você *vai* morar aqui — responde a mãe. — Assim que o papai e eu encontrarmos uma casa.

— Quero dizer aqui — insiste o menino. — Neste hotel.

Outra mulher apareceu e chamou um garoto mais velho, de doze ou treze anos, para jantar.

— Vamos jantar — disse ela.

— Que droga — murmurou o garoto, e saiu andando atrás dela envolto em uma toalha de praia com a bandeira confederada.

O céu escureceu, trovões ressoaram, a criança de três anos chorou, e todos entramos para o frio do ar-condicionado. Em mais ou menos meia hora, a chuva parou e à meia-noite ouvi as crianças mais velhas chapinhando na piscina iluminada.

Notas de Meridian

Do outro lado do estacionamento do Howard Johnson's em Meridian, havia um campo não cultivado com um charco e uma pequena casa de patos, com patos dentro. Os patos sacodem a água barrenta das penas brancas.

No restaurante Weidmann, há pinturas penduradas à venda: nos sentamos embaixo de uma com um cartão de visitas colado abaixo. "Sra. Walter Albert Green", dizia a inscrição impressa no cartão e, com uma caligrafia elegante, "Lago Dalewood, 'Óleo', York, Alabama. Preço: US$ 35". Havia também uma pintura terrível por sua apreensão dos silêncios humanos, intitulada "Intermédio", de James A. Harris, 150 dólares. Durante os poucos dias que passei em Meridian, o quadro e James A. Harris e sua vida na cidade começaram a me assombrar, e até tentei entrar em contato com ele por telefone, mas não o encontrei. Ele estava na base da força aérea.

Lojas Gibson's Discount, onipresentes. Concessionária da Mercedes-Benz e os "Serviços da Citroën", certamente não. Letreiros da Coca-Cola, da Faculdade de Administração do Meio-Sul, da Academia de Cosmetologia de Townsend e do Hotel Lamar, fechado. Tentei marcar uma reunião com o diretor da Academia de Cosmetologia de Townsend, mas ele me disse que naquele momento não estava interessado em nenhuma revista. Houvera um mal--entendido, ou não. Eu tinha uma reunião com a diretora da Faculdade de Administração do Meio-Sul, a sra. Lewis, mas quando cheguei as portas estavam trancadas. Fiquei um tempo nos corredores frios do Edifício Lamar, desci as escadas, bebi uma Coca-Cola e voltei, mas as portas ainda estavam trancadas. Houvera um mal-entendido, ou não.

Uma tarde em Meridian com Stan Torgerson

Quando liguei para Stan Torgerson em sua emissora de rádio, a WQIC, para convidá-lo para almoçar e perguntei a ele o melhor restaurante, ele me respondeu que era o Weidmann's, "embora não vá vencer nenhum prêmio da *Holiday Magazine*". Na verdade, já havia ganhado, e não era um restaurante ruim, mas no Mississippi todos começam na defensiva. "Serei o homem mais corpulento, de camisa verde, a entrar pela porta", avisou. Durante o almoço, mostrou-se cauteloso. Disse que achava que eu não sabia o que estava fazendo. Eu concordei. Ele não quis beber, dizendo que não estava em Nova York. Stan Torgerson havia deixado o frio do Norte (Minnesota, acho) e seguira para Memphis, onde tinha começado a trabalhar no rádio. Ele havia trabalhado em Miami e depois, por um ano, em San Diego, morando em La Jolla. No início, sentia-se pouco à vontade em La Jolla — seus vizinhos eram reservados e tinham seus próprios interesses — e teve vontade de voltar para o Sul. Seu filho tinha ganhado uma bolsa de estudos para jogar futebol americano na Universidade do Mississippi. Na Califórnia, se preocupava com os filhos e as drogas.

— Me desculpe — disse ele —, mas ainda não cheguei ao ponto de achar que a maconha seja um estilo de vida.

Quando a estação de música negra de Meridian foi colocada à venda, ele a comprou. Também transmitia os jogos da Universidade do Mississippi, algo que havia começado a fazer quando estava em Memphis.

— É isso mesmo — afirmou ele. — Eu sou o proprietário da estação étnica, a WQIC. Em seu décimo terceiro ano de serviços prestados à comunidade negra daqui.

Ele programava gospel e soul e alcançava cento e oitenta mil ouvintes negros em diversos condados do Mississippi e do Alabama:

— O trigésimo segundo maior mercado negro do país, que compreende quase cem quilômetros em todas as direções, e quarenta e três por cento dessa área é habitada por negros. Servimos a um grande mercado negro, temos música soul e gospel na grade, mas o que isso significa? Há um mês a *Billboard* publicou uma pesquisa indicando que as principais emissoras com formato Top 40 estavam tocando basicamente soul. "ABC", dos Jackson 5, "Turn Back the Hands of Time", isso é Top 40, mas é soul. De vez em quando, tocamos um pouco de soul branco, como Dusty Springfield, com "Son of a Preacher Man". Não tocamos rock porque nosso público não gosta. Não tocamos grupos underground como o Jefferson Airplane... Temos boas razões para acreditar que de dez a quinze por cento de nosso público são pessoas brancas. Algumas das ligações que recebemos à tarde para dedicar canções são definitivamente vozes brancas. Temos um índice de audiência de 36 por cento.

Ele disse que eu provavelmente estava me perguntando por que ele tinha voltado para o Mississippi.

— Eu voltei porque amo muito esse estado. Tenho um filho que está cursando o último ano da faculdade e que joga futebol americano pela Universidade do Mississippi.

Ele me disse que Meridian era uma região madeireira, de terras montanhosas. A celulose é a espinha dorsal da produção agrícola. E ressaltou como Meridian era progressista: tinha três hospitais novos.

— A maioria das cidades do Sul está dominada pelo dinheiro de linhagem antiga e conservadora... O comércio varejista do Sul permaneceu em mãos privadas, em propriedades familiares, até recentemente. Na maioria dos casos, faz pouco tempo que o comerciante começou a sentir a concorrência das grandes cadeias. As melhores oportunidades de negócios do país estão aqui no Sul... Em uma cidade de quase cinquenta mil habitantes, ainda não temos um McDonald's sequer, não temos nenhuma dessas franquias. Se me dessem uma das esquinas de um cruzamento em Jackson, Mississippi, ou me dessem toda essa área bem aqui em Meridian, eu pegaria a área e colocaria um McDonald's em uma esquina, um Burger Chef na outra, um Shoney's Po' Boy do outro lado da rua.

Sua voz continuou tecendo voos cada vez mais altos de possibilidades econômicas.

— Existe e *deve* existir — prosseguiu ele — um movimento contínuo da indústria em direção ao Sul. O clima é certamente uma das razões. Outra é que o Sul *quer* as indústrias e está disposto a oferecer benefícios fiscais para atraí-las. Outra, é claro, é que no Sul há níveis relativamente baixos de sindicalismo. A Lockheed monta aqui partes da cauda dos aviões e as envia para a Califórnia para a montagem final...

"Atlanta é a cidade mágica para os jovens daqui, de todo o espectro social... Nos últimos dez anos, a grande migração tem sido de pessoas negras, que recebem cartas promissoras, e é claro que em alguns estados do Norte há programas de assistência social relativamente liberais... Sem dúvida também parece haver mais oportunidades no Norte."

Mais sobre a natureza progressista de Meridian:

— Nossa estação de rádio provavelmente tem uma lista de clientes de primeira linha tão boa quanto qualquer outra na cidade, negra ou não. Temos agências de todos os quatro bancos e todos os comerciantes se interessam por fazer negócios com os negros; o dinheiro dos negros é muito importante. Nesse sentido, o salário mínimo foi provavelmente a coisa mais relevante que aconteceu e, em seguida, os cupons para comprar comida; eu diria que eles injetaram milhões de dólares à nossa economia.

"Estamos em uma fase de transição. Há um tremendo impulso para a educação por parte dos jovens negros. As escolas daqui estão completamente integradas. É claro que nem você nem eu podemos mudar os negros mais velhos, os que já têm mais de quarenta anos; suas dinâmicas de vida já estão estabelecidas.

"A Universidade do Mississippi tem um padrão a manter. À medida que mais e mais negros obtêm vantagens educacionais, você vai ver mais negros nas salas de aula.

Entre alguns líderes negros, há um sentimento de que, uma vez que não tiveram uma vida fácil, esses jovens deveriam contar com algum tipo de generosidade educacional, mas basicamente o que tem que acontecer é que os padrões precisam permanecer altos e as pessoas precisam se esforçar para estar à altura deles."

Estávamos passeando de carro pela cidade à noite, e Stan Torgerson parou de falar para indicar a agência dos correios.

— Ali ficam os correios, o tribunal onde foram realizados os famosos julgamentos da Filadélfia, os julgamentos pelas chamadas mortes da Filadélfia.

"Se houvesse olmos cujos galhos se debruçassem sobre as ruas, isso aqui se pareceria muito com o Meio-Oeste — observou Stan enquanto passávamos pelo distrito residencial."

Ele indicou sua casa de 29.500 dólares, uma construção de dois andares, "duzentos e sessenta metros quadrados, com magnólias, cornisos e nogueiras". Indicou ainda a Poplar Drive, "a Park Avenue de Meridian, Mississippi, onde todas as casas foram construídas por famílias de linhagem antiga".

Ele não parava de repetir, com fervor, como a vida em Meridian era saudável. Sua filha, que ia cursar o último ano do ensino médio no outono, "praticava esportes, atividades ao ar livre, natação. É um estilo de vida tranquilo e pacífico, e foi em parte por isso que eu quis voltar para cá. As crianças aprendem a dizer 'senhor' e 'senhora'. Sei que está na moda zombar do Sul, mas se comparo, de qualquer ponto de vista, os nossos bairros pobres aos bairros pobres onde os cubanos e porto-riquenhos vivem em Miami, na Flórida, Miami sempre perde".

Meridian é a maior cidade entre Jackson e Birmingham, e há uma base naval lá, o que significa muito para a comunidade. Nos prédios de apartamentos habitados em grande parte por oficiais da Marinha, há carros com placas de todo o país.

Algumas observações sociais aleatórias de Stan Torgerson incluíam: a maioria dos jovens daqui estuda em faculdades do estado, na Universidade do Mississippi, na Universidade Estatal do Mississippi ou na Universidade do Sul do Mississippi; o outro Country Club, construído com verba federal, conta entre seus membros com "gerentes assistentes de lojas e alguns oficiais da Marinha"; na maioria dos bairros de Meridian há "casas sob medida". Torgerson fez uma pausa dramática para enfatizar a versatilidade do sangue novo na cidade: havia "uma loja de tecidos".

Perguntei se não havia jovens que iam embora, e ele admitiu que sim.

— Não há nenhuma oportunidade aqui para um jovem formado em engenharia. E, é claro, as garotas vão para onde há maridos. As meninas do Sul são famosas por caçar maridos, mas acho que é assim em qualquer lugar.

No Sul eu não conseguia deixar de pensar que, se tivesse vivido lá, teria sido uma mulher excêntrica e cheia de raiva, e me perguntava que forma teria assumido essa raiva. Será que eu teria me dedicado a defender alguma causa ou teria simplesmente esfaqueado alguém?

Àquela altura, Torgerson já estava a pleno vapor, e eu não poderia deter sua peroração.

— Nos últimos anos, houve uma grande metamorfose no Sul. As concessionárias da Volkswagen, por exemplo, são comparáveis em tamanho a quaisquer outras que você possa encontrar.

"A Ku Klux Klan, que costumava ser um elemento muito importante nesta comunidade, não é mais; tanto o número de membros quanto a sua influência diminuíram, e não consigo me lembrar de nenhum lugar onde a entrada de negros seja proibida, com a possível exceção de clubes privados. Não temos líderes negros hostis que trabalham contra a harmonia racial. Desde o advento do orgulho negro, do poder negro, tem havido uma pequena tendência à autossegregação. Em nossa emissora, temos um programa chamado *Aventuras da história negra*, destinado a apresentar as contribuições feitas pelos negros; quem apresenta é um pastor negro. Tenho negros trabalhando na loja Soul da WQIC, e temos também um farmacêutico negro, um homem muito qualificado, que é um rapaz local que foi para o Norte e voltou, se formou na Universidade de Illinois. Temos certo volume de negócios negros, incluindo este posto de gasolina aqui, que pertence a um negro. A chave é a harmonia racial e a educação, e vamos tentar proporcionar ambas as coisas a nossa população, porque viveremos juntos por um longo tempo. Todos os estabelecimentos comerciais importantes contratam balconistas negras, a Sears tem dois chefes de departamento negros, há uma faculdade de administração para negros e um instituto de formação profissional para negros e brancos.

"É claro que também temos imigrantes, ideias novas e, como qualquer outro estado híbrido, isso em geral nos torna mais fortes. Não somos nem de longe tão endogâmicos quanto costumávamos ser. Passamos muitos e muitos anos relegados a esta parte do Sul, mas à medida que as pessoas de fora foram chegando, isso foi nos ajudando a ser mais enérgicos... Não usamos mais crinolinas, nem pensar.

"E sobre a nossa política, bem, George Wallace obteve muitos votos em Indiana, temos que admitir. Não estou dizendo que vou receber um pastor negro para jantar em minha casa hoje à noite, porque não é o caso. Mas as coisas estão mudando. Outro dia, falei com um homem, dono de uma loja de eletrodomésticos, que não acreditava que fosse possível mandar um técnico negro à casa de alguém. Agora não consegue encontrar um branco... Então veio me perguntar se eu conhecia um homem negro de boa aparência. Isso é progresso...

"É claro que há uma tremenda falta de pessoas negras qualificadas, e o problema são técnica e formação. Não é mais uma questão de falta de oportunidade, é uma questão de falta de qualificação. Ainda estamos a duas gerações da igualdade plena, mas a situação é a mesma em Chicago e Detroit, e você já esteve no Harlem?"

Aturdida depois de passar duas horas ouvindo aquele homem de camisa verde desfraldar Meridian diante de nós como o sonho de todo empreendedor, com um Shoney's

Po' Boy em cada esquina e progresso por toda parte, até no Country Club, eu o deixei em casa e continuei dirigindo pelas ruas ainda desertas do centro. Havia umas poucas mulheres negras nas ruas, todas carregando sombrinhas para se proteger do sol. Eram quase cinco da tarde. No meio da 22nd Avenue, a principal via de Meridian, havia um homem segurando uma espingarda. Ele vestia uma camisa rosa e uma boina de jogador de golfe, e usava um aparelho auditivo em uma das orelhas. Levantou a espingarda e disparou várias vezes na direção do telhado de um edifício.

Parei o carro e o observei por algum tempo, depois me aproximei.

— No que está atirando? — perguntei.

— Nos *pombo* — respondeu ele com um tom jovial.

Naquela única tarde lunática, o Mississippi perdeu grande parte de sua capacidade de me assombrar.

Como tinha caído e machucado a costela em Nova Orleans, e agora ela me incomodava naquele calor asfixiante ou quando nadava ou me virava na cama, decidi procurar um médico em Meridian. Eu não tinha certeza de quanto tempo levaria até estar outra vez em uma cidade grande o suficiente para ter uma clínica com atendimento de urgência, e ali havia, como Stan Torgerson mencionara diversas vezes, quatro hospitais; eu até sabia o nome de um deles, o hospital da Fundação Rush, então fui até lá. Um dos médicos mais jovens da família Rush examinou minha costela e me mandou fazer uma radiografia. Não sei se foi o dr.

Vaughn Rush ou o dr. Lowry Rush, que são irmãos, ou o dr. Gus Rush, que é primo deles. Antes de o médico chegar, uma enfermeira ouviu meu relato e pareceu não acreditar em uma palavra do que eu disse. Enquanto esperava, vestindo minha bata branca, comecei a ver aquela situação através dos olhos dela: uma mulher entra em uma clínica, uma desconhecida em Meridian. Ela tem cabelos longos e lisos, algo que não se vê no Sul entre mulheres respeitáveis com mais de catorze anos, e se queixa de ter machucado a costela. Ela dá um endereço de Los Angeles, mas diz que machucou a costela em um quarto de hotel em Nova Orleans. Diz que está apenas "de passagem" por Meridian. Não era uma história que inspirasse confiança, e eu estava consciente disso enquanto a contava, o que fez com que fosse difícil olhá-la nos olhos.

O próprio dr. Rush se mostrou mais disposto a deixar essa história de lado, sem pedir maiores explicações.

— Viagem de férias? — perguntou ele.

— Na verdade, sou escritora — respondi. — Gosto de ir a lugares onde nunca estive.

— Está viajando sozinha?

Ele pressionou minha costela.

— Com meu marido.

Isso tampouco soou verdadeiro, porque eu não estava usando minha aliança. Houve uma longa pausa.

— Fiz faculdade no Norte — disse ele. — Eu gostava muito de lá. Houve um tempo em que pensei que não me importaria de morar lá.

— Mas voltou para cá.

— Mas... — ressoou ele — voltei para cá.

Certa noite, fomos ao cinema em Meridian: estava passando *O amor é tudo*, com George Segal e Eva Marie Saint. Os espectadores, o pouco que havia deles, olhavam para a tela como se o filme fosse tcheco. Por acaso, eu tinha visto Eva Marie Saint algumas semanas antes, em um jantar na casa de alguém em Malibu, e agora a distância entre Malibu e aquele cinema em Meridian me parecia infinita. Como eu tinha ido de um lugar para o outro? Essa era, como sempre, a pergunta.

NOTA: Penso nas garotas do Sul que conheci em Nova York e no fato surpreendente de sua vida no Sul permanecer mais vívida para elas do que qualquer coisa que estivesse acontecendo com elas na cidade. Esther Nicol, quando ficou sabendo que eu tinha sido membro da fraternidade Tri Delta em Berkeley, fungou e disse que na Universidade do Mississippi a casa Tri Delta era ocupada "sobretudo por mulheres do Mississippi". Para Esther, que era de Memphis, isso tinha um significado real. Recordo outra ocasião em que estava almoçando com uma mulher de Nashville que estava trabalhando na Condé Nast. Ela iria embora dali a um mês, me contou, porque em Nashville a temporada social estava começando e sua avó ia dar uma festa.

NOTA: A ocasião em que quiseram ver meus documentos quando pedi uma bebida no Sul rural. Antes de minha viagem para o Sul, fazia muitos anos que ninguém achava que eu tivesse dezessete anos, mas durante aquele mês tive que provar diversas vezes que tinha mais de dezoito anos. A única coisa que me ocorreu foi que as pessoas esperavam que mulheres adultas tivessem cabelos arrumados.

NOTA: Lembro que em Durham, em 1942, havia algo, ou se dizia que havia algo, chamado Dia do Empurrão, um dia em que os negros empurravam os brancos nas ruas. As pessoas evitavam ir às compras no centro da cidade no Dia do Empurrão, que costumava acontecer em uma terça ou quarta-feira. E também a vez em Durham quando minha mãe, meu irmão Jimmy e eu pegamos o ônibus para ir a Duke e o motorista se recusou a arrancar porque estávamos sentados na parte de trás do ônibus.

Na estrada de Meridian para Tuscaloosa, Alabama

Placas: BEM-VINDO AO ALABAMA! DESCANSE E DIVIRTA-SE! OS 782.000 BATISTAS DO ALABAMA LHE DÃO BOAS -VINDAS!

Postos de gasolina Dixie por toda parte, com grelhas e bandeiras confederadas.

Rapazes trabalhando na estrada entre Cuba e Demopolis. Fazendo medições com varas de pescar. O condado de Sumter, Alabama, onde estávamos, é oitenta por cento negro. Atravessamos a ponte Rooster de Demopolis para cruzar o rio Tombigbee, outro rio imóvel e marrom. Acho que não vi água que parecesse correr em nenhuma parte do Sul. Uma sensação de mocassins-d'água.

Na hora do almoço em Demopolis, a temperatura era de 36 graus e todos os movimentos pareciam líquidos. Um policial estadual do Alabama dirigia lentamente pela cidade. Coloquei uma moeda em uma balança na rua principal. Meu peso era 43,5 quilos e minha sorte era: "Você é propenso a deixar que seu coração governe sua mente".

Na farmácia, uma moça estava conversando com a mulher atrás do balcão.

— Vou fugir e me casar — disse ela.

— Com quem? — perguntou a mulher da farmácia.

A jovem amassou o canudo de papel.

— Eu vou me casar — disse ela, teimosa. — Não importa com quem.

Para não ficar no sol, me sentei um pouco na biblioteca de Demopolis e fiquei contemplando uma fotografia publicada no jornal que mostrava a força policial de Demopolis (nove homens) descartando 214 galões de uísque destilado ilegalmente que haviam confiscado depois de quatro horas de perseguição e rastreamento com um cão de caça. O motorista do carro que transportava a bebida clandestina, Clarence Bunyan Barrett, de Cedartown, Geórgia, havia sido multado em 435 dólares e liberado.

Na mesa, havia uma mulher de cerca de setenta anos, pequena como um passarinho, conversando com a bibliotecária.

— O *Nashville Sound* já chegou?

— Ainda está emprestado — respondeu a bibliotecária.

— E *The World of Fashion*?

— Ainda não foi devolvido.

— Me coloque na lista de espera do *The World of Fashion*.

A mulher do tenente francês estava sendo muito requisitado naquele verão na biblioteca de Demopolis. Às duas, a temperatura já era de 37 graus.

O condado de Greene se estende suavemente, árvores e grama, de cor verde-clara. Pastos. A terra parece fértil, e muitas pessoas de Birmingham etc. (pessoas ricas) mantêm ali terrenos de caça.

O mito do Sul: um pequeno bangalô chamado Grayfield, muitas e muitas casas pequenas de apenas um andar com pilares de madeira.

Eutaw, no Alabama, é uma cidade atravessada pela linha do trem. Na cidade havia crianças de bicicleta, quase imóveis na atmosfera quieta e arborizada. Havia lírios-tigre por toda parte, silvestres ou aclimatados. Ouvimos música country no rádio. Às 16h do dia 16 de junho, um funeral estava sendo realizado na Igreja Batista de Eutaw, e o cortejo fúnebre compunha um friso do lado de fora da igreja com um grupo de crianças que jogavam cara ou coroa. A moeda ficou girando na calçada e as crianças se ajoelharam para ver, rodeadas de adultos vestidos de preto. Em Eutaw, havia uma piscina para brancos e outra para negros, e um bloco de apartamentos, o Colonial, onde havia uma placa que dizia DIRIJA-SE AO JIMMY'S GRILL.

Na Prefeitura de Eutaw, perguntei a uma funcionária onde ficava a Câmara de Comércio, mas ela não sabia ou não quis me dizer. Em uma esquina havia um Centro para Adolescentes trancado, com cartazes do lado de dentro que diziam VAI, UNIVERSIDADE DO ALABAMA! e VAI, MARÉ!. Havia um pôster com o símbolo da paz. Nas cidades pequenas do Sul, os jovens representam uma subcultura misteriosa.

Às cinco da tarde de uma terça-feira, seguimos por uma estrada secundária até Ralph, no Alabama. Uma placa nos informou que o código postal era 35480, a população era de cinquenta habitantes e que o povoado incluía:

Igreja Bethel (Batista)
Igreja Shiloh (Batista)
Capela Wesley
Correios
Escola

Ralph também tinha ganhado um prêmio por Melhoria do Algodão. Lírios-tigre e nem uma alma viva à vista.

À margem da rodovia 82-W, perto de Tuscaloosa, fica o lago Lurleen. A concessionária Bear Bryant da Volkswagen em Tuscaloosa. Um posto de gasolina Rebel Oil. Adesivos para carros: "Javé vs. Evolução/Não aja como um macaco". Lírios-tigre. Maré Vermelha, Maré Carmesim, Vai Maré, Força Maré.

Por volta das cinco da tarde, me sentei à beira da piscina do Ramada Inn de Tuscaloosa e li a matéria que Sally

Kempton escreveu para a *Esquire* sobre o pai dela e outros homens que havia conhecido. Não estava fazendo sol. O ar estava líquido como a piscina. Tudo parecia feito de cimento, e úmido. Dois homens vestindo camisas de náilon de manga curta estavam sentados em outra mesa de metal e bebiam cerveja direto da lata. Mais tarde, tentamos encontrar algum lugar aberto para jantar. Liguei para um restaurante na University Boulevard, e o proprietário nos disse para virar à esquerda no cinema Skyline. No caminho, nos perdemos e paramos em um posto de gasolina para pedir informações. O atendente não fazia ideia de onde ficava a University Boulevard (a Universidade do Alabama fica na University Boulevard), mas nos disse como chegar ao Skyline.

Birmingham

Quando liguei para um amigo de Birmingham para perguntar quem eu deveria procurar naquela região e o que estava acontecendo, ele indagou o que eu queria saber e eu expliquei:

— Você quer falar com quem está sentado na estação de ônibus Greyhound e com quem está sentado em um Packard, certo?

Eu disse que era isso mesmo.

A maneira tipicamente rural como foi me dando os nomes:

— Tem o velho Rankin Fife, porta-voz da Câmara dos Representantes do estado; ele praticamente comanda Winfield. Em Boligee, tem David Johnston, que é dono de uma grande fazenda. Tem um líder sindical, um tal Haney, que vive nos arredores de Guin; ele é fazendeiro, pastor e líder sindical. Tem a família Hill, que administra o banco. Tem Boyd Aman, em Boligee, exímio caçador e pescador; acho que você pode encontrá-lo no armazém. E se tiver algum problema por lá, ligue para mim.

A sensação de que os esportes são o ópio do povo. Em todas as cidades pequenas, o ginásio esportivo era não apenas a parte mais resplandecente das escolas de ensino médio, mas muitas vezes também a estrutura mais sólida da cidade, imensa e de tijolos vermelhos, um monumento às esperanças dos cidadãos. Atletas que assinavam "cartas de intenção" eram um assunto recorrente no noticiário local.

Certa noite, em um jantar em Birmingham, havia cinco pessoas além de nós. Dois dos homens tinham estudado em Princeton e o terceiro era, quando viajava a negócios, um *habitué* do Elaine's, em Nova York, e do Beverly Hills Hotel, na Califórnia. Contaram, com um bom humor estridente, que quando suas esposas viajavam, eles "assistiam àqueles filmes pornográficos". Era uma maneira de falar, uma negação rococó de sua própria sofisticação, que eu achava desconcertante presenciar.

— Seria possível dizer que todas as virtudes e todas as limitações do Sul são resultado da escassez de população — disse alguém em um almoço em Birmingham. — Cidades, bem, cidades *são* caldeirões. O que tivemos aqui foi praticamente uma situação feudal.

Tínhamos visitado alguns lugares no Mississippi e no Alabama onde praticamente não havia infusão étnica.

— Deixe eles com seus cupons — disse alguém durante um jantar a respeito dos arrendatários brancos da propriedade de seu pai.

Antigamente, as casas e os edifícios do Sul tinham muito espaço, janelas e varandas amplas. Tratava-se talvez da arquitetura comum mais bonita e confortável dos Estados Unidos, mas não é mais adotada nas construções por causa do ar-condicionado.

NOTA: A curiosa ambivalência das conversas constantes sobre querer indústria. O impulso suicida está em querer indústria ou em não a querer?

Quando se falava sobre "um cavalheiro à moda antiga", havia uma familiaridade com gerações inteiras de comportamento excêntrico, escândalos e arranjos, grandes dramas extraconjugais se desenrolando com o desfile da Legião ao fundo.

Dizem que o centro da sociedade de Birmingham é o canto sudeste do vestiário do Country Club Mountain Brook. Em Mountain Brook, todos frequentam a Igreja Episcopaliana de St. Luke ou a Igreja Presbiteriana de

Briarwood, e é difícil fazer a conexão entre essa Birmingham e a de Bull Connor e do Birmingham Sunday.

Almoço com Hugh Bailey no clube, situado em um lugar alto o suficiente para ver a neblina produzida pela fumaça.

— Estamos monitorando a poluição em Birmingham agora, e acho que se pode dizer que isso é um sinal de progresso.

Naquele dia (18 de junho), o *Birmingham Post-Herald* informou que os níveis de poluição no centro da cidade eram de 205, acima do nível crítico estabelecido pelo Serviço de Saúde Pública dos Estados Unidos, e que o número de mortes decorrentes de problemas respiratórios no condado de Jefferson naquela semana era de seis. Não parecia haver muita poluição em Mountain Brook.

Um dia, na hora do jantar em Birmingham, as pessoas conversavam sobre caçar cascavéis.

— Você pega uma mangueira, vai para o mato e derrama algumas gotas de gasolina dentro de um buraco, qualquer buraco. Isso deixa as cascavéis meio inebriadas e faz com que elas saiam em busca de ar.

Em todos os níveis sociais, a natureza da masculinidade, a concentração na caça e na pesca. As mulheres que se encarreguem de sua cozinha, suas conservas e seus "adornos".

O letreiro de um acampamento de trailers no Condado de Walker, Alabama: AGRADECEMOS SEU VOTO E SEU APOIO/WALLACE PARA GOVERNADOR. Me ocorre que a razão pela qual Wallace nunca me preocupou é o fato de ele ser um fenômeno totalmente explicável.

A maioria dos sulistas é realista em matéria de política: eles entendem e aceitam a realidade do funcionamento da política de uma maneira que nunca fizemos na Califórnia. A corrupção é aceita como modo de vida, mesmo que à vista de todos. "Uma pessoa que ganha oitocentos dólares por mês como diretor financeiro do estado tem apenas quatro anos para juntar algum dinheiro."

Inscrições em lápides:

OS ANJOS O CHAMARAM

MORRER É VOLTAR PARA CASA

MOORE

ELLIE	JESSIE T.
1888-1919	1887-1952

SANDLIN

RAND	IDA M.
1871-1952	1873-1919

JENNIE B., *esposa de J. R. Jones.*
Ela foi uma esposa amável e afetuosa,
uma tia carinhosa e amiga de todos.

Em muitos lotes familiares, havia algum morto recente — depois da Segunda Guerra Mundial — que se lembrava da Guerra de Secessão. O cemitério ficava em uma pequena cidade situada em uma colina agreste de terra vermelha, com flores de plástico nos túmulos e vista para as luzes brilhantes do estádio de beisebol.

No Hotel St. Francis, em Birmingham, fui nadar, o que provocou um grande rebuliço no bar.

— Ei, vejam, tem uma mulher de biquíni.

Winfield

Talvez o Sul rural seja o último lugar na América onde uma pessoa ainda tem consciência dos trens e do que eles podem significar, suas incríveis possibilidades.

Deixei minhas roupas na máquina de lavar da lavandeira e caminhei até o salão de beleza pelo caminho de terra que ladeava a estrada. Uma garota com longos cabelos loiros e lisos fez minhas unhas. O nome dela era Debby.

— Eu tenho mais um ano na Winfield High — disse Debby. — Depois vou embora.

Perguntei para onde ela ia.

— Birmingham — respondeu ela.

Perguntei o que ela ia fazer em Birmingham.

— Bem, se eu continuar trabalhando enquanto estiver estudando, terei horas suficientes para obter minha licença de cosmetologista. Você precisa ter três mil, e eu já tenho mil e duzentas. Depois vou estudar para ser modelo. — Debby refletiu por um momento. — Ou é o que espero.

Um ventilador elétrico zumbia na pequena loja. O cheiro de condicionadores de cabelo e xampus, cálido e pegajoso. A única outra pessoa lá era a filha da proprietária. Perguntei se ela ainda estudava. Ela riu como se não acreditasse que alguém pudesse fazer uma pergunta tão tola.

— Eu estou *casada* há três anos — respondeu ela.

— Você não parece ter idade suficiente para isso — afirmei.

— Eu tenho *vinte* anos.

Ela morava em um trailer com o marido, Scott, que era operador de serra elétrica. Todas concordamos que os trailers ficavam abafados. À noite era melhor, sugeriu Debby.

— Ah, claro — disse a garota de vinte anos. — À noite é melhor.

Sua mãe, a dona do salão de beleza, estava em casa "fazendo a contabilidade". Ela gerenciava o lugar e gostava de dar ordens a Debby.

— Você não perguntou o *nome* dela? Ela não podia vir em outro *horário*?

Elas voltaram a falar do calor. Os trailers costumam esfriar à noite, concordaram.

— Ontem à noite estava fresco — disse a garota de vinte anos.

— Eu não achei — discordou Debby.

— Não quero dizer quando fomos para a *cama*, quero dizer mais tarde. Eu acordei e estava quase frio. É claro que eu tinha ficado com o *ar* ligado no trailer o dia todo.

Debby olhou impassível para a porta aberta.

— Estava tão quente que meu pai teve que sair do quarto para dormir no sofá.

— Estava mais frio dentro do que fora.

Debby secou minhas mãos.

— Pode ser — disse ela, distraída.

Na pequena piscina de concreto que havia entre o hotel e o riacho, duas adolescentes usando trajes de banho de duas peças estavam deitadas ao sol no pavimento coberto de manchas. Elas tinham chegado em uma caminhonete, e um rádio portátil soava baixinho no banco do veículo. Na piscina havia algas e uma ponta de cigarro. "ABC", dos Jackson 5.

Por cinco centavos, comprei um copo grande cheio de gelo picado na farmácia (Hollis Pharmacy) e caminhei de volta pela rua até a lavanderia, mastigando-o. Nada havia mudado na lavanderia na hora que eu havia passado pela fachada: as mesmas mulheres, a maioria com bobes no cabelo, estavam sentadas, observando e dobrando toalhas e lençóis puídos com estampas florais. Havia dois homens na lavanderia, um técnico e um jovem intrometido, de cabelos loiros e desgrenhados e aparência rude, que parecia ser o proprietário. Ele olhava para as mulheres com desprezo, e as mulheres o encaravam com uma impassibilidade taciturna.

— Está com calor? — perguntou uma mulher de meia-idade para mim.

Eu respondi que estava. Na lavanderia não havia hostilidade em relação a mim, nem mesmo curiosidade a meu respeito: depois de passar uma tarde de verão naquela estrutura lúgubre e asfixiante, eu tinha sido transportada para um reino onde todas as mulheres eram irmãs no sofrimento.

— Use esta — disse a mulher um tempo depois, indicando uma das secadoras. — Essa aqui secou as roupas dela e as minhas, e ela acabou de inserir uma moeda de dez centavos.

Enquanto falava, a mulher olhou furtivamente para o técnico e em seguida para o proprietário, como se tivesse medo de que eles consertassem a máquina, privando-nos do nosso prêmio.

Em cidades como Winfield, nas tardes de semana, pode-se ver sobretudo mulheres movendo-se como sonâmbulas pelas jornadas de sua vida. Os homens trabalham em fábricas, em fazendas ou em madeireiras. Quando saí da lavanderia, havia um garoto de capacete de bicicleta trabalhando na estrada. Capacetes de bicicleta tinham passado a parecer algo normal de se usar. *A conquista do Oeste* estava passando no cinema.

Na hora do almoço no restaurante Angelyn, em Winfield, havia alguns homens, dos poucos que eu tinha visto na cidade durante o dia, sentados e assistindo a *General Hospital* na televisão.

Guin

Uma pessoa viajando pelo Sul rural no verão sempre vai jantar, desanimada, quando o calor do dia mal começou a se dissipar. Estará a algumas centenas de quilômetros e uma cultura inteira de distância de qualquer lugar que sirva comida depois das sete e meia ou oito horas. Uma noite jantamos em um hotel na estrada entre Winfield e Guin. O sol ainda esquentava a calçada do lado de fora, levemente filtrado pelas lâminas aquosas e verde-azuladas do filme plástico que cobria as janelas do lado de dentro. A comida parecia ter sido frita em uma grande quantidade de óleo e mantida morna em uma estufa desde a hora do almoço. Comer é uma provação, como em uma instituição hospitalar ou penal, algo a ser suportado com o objetivo de sobreviver. Não há bebida que a torne mais palatável. O gelo é dado de má vontade. Eu me lembro de pedir um café gelado em um desses lugares. A garçonete me perguntou como era preparado.

— Da mesma maneira que o chá gelado — respondi.

Ela olhou para mim sem expressão.

— Em um copo? — perguntou.

A garçonete no local em Guin me seguiu até a caixa registradora. Estava segurando uma caixa de fósforos que eu havia deixado na mesa.

— Eu estava olhando sua caixa de fósforos — disse ela. — De onde é?

Respondi que era de Biloxi.

— Biloxi, *Mississippi*? — perguntou ela, e examinou a caixa de fósforos como se fosse um souvenir do Nepal.

Eu respondi que sim. Ela a colocou no bolso e deu meia-volta.

Nos arredores de Guin, o letreiro diz GU-WIN/LIMITE MUNICIPAL. No Wit's Inn de Guin, em um café da Juventude Metodista (acho), dois jovens tocavam guitarra para entreter os clientes. Eles tinham sido anunciados como Kent e Phil, e sua última apresentação fora em Tuscaloosa. Eles cantaram "Abraham, Martin and John" e "Bridge Over Troubled Water" e, depois de serem convidados a fazê-lo, os jovens do lugar cantaram junto com eles, com vozes doces e suaves.

Alguns dos rapazes usavam uniformes da equipe de beisebol de Guin e um jovem bonito, de mais ou menos dezesseis anos, usava calça e camisa *tie-dye*. Os rapazes beberam Coca-Cola e em seguida saíram para a rua, conversaram com alguém à toa em um carro, depois voltaram. A noite estava quente e havia talos altos de milho crescendo junto à estrada, depois da saída da cidade. Parecia um lugar bom para se viver, cheio de esperança, no entanto, as garotas bonitas, quando ficavam em Guin, acabavam na lavanderia de Winfield ou em um trailer com ar-condicionado ligado a noite toda.

Quando a apresentação terminou, cerca de dez jovens ficaram na rua, jogando conversa fora. Meia hora depois, as únicas pessoas que se viam nas ruas de Guin eram crianças de doze anos vestindo uniformes de beisebol. Fomos de Guin para Hamilton pela estrada George C. Wallace White, quatro pistas que não levavam a lugar algum, muito iluminadas. Em Hamilton, as luzes da rua estavam apagadas. No rádio do carro, sintonizávamos emissoras de Fort Worth e San Antonio, emissoras de música gospel, "Rock of Ages" e "Lonesome Valley". Entrei em um drive-in para ver o final de *Aventureiros das estradas*, estrelado por Jim

Davis, Andy Devine e Scott Brady. *Os 5 guerrilheiros* era o próximo filme na programação do cinema. Nós seguimos *Os 5 guerrilheiros* por todo o Sul. Fora de Guin, o turno da noite estava trabalhando na fábrica da 3M.

Grenada, Mississippi

Dirigindo de Oxford até Grenada para jantar com Bob Evans Jr. e sua esposa, notei as sombras dos ramos de kudzu, que cobriam árvores, postes e tudo que estava ao seu alcance. O kudzu faz com que grande parte do Mississippi pareça uma paisagem sinistra de topiaria. E os cemitérios por toda parte, com ervilhas-doces de plástico nos túmulos das crianças. A morte segue sendo algo natural e sempre presente no Sul, de uma maneira que já não é nas partes urbanizadas do país, onde os cemitérios são parques de sepultamento e foram relegados a terrenos não utilizados ou inutilizáveis, longe da vista.

Na estrada 7, o posto de gasolina Buck Brown & Son. Os rifles apoiados nas janelas traseiras das caminhonetes. O Country Club Yalobusha, ao sul de Water Valley. Em Water Valley, negros na rua principal, a estrada, apoiados em carros, conversando dos dois lados da rua, a estrada. Em Coffeeville, Mississippi, às seis da tarde havia uma luz dourada e uma criança se balançando nela, se balançando em uma grande árvore, sobre um grande gramado, para a frente e para trás, diante de uma casa grande e arejada. Ser uma criança branca de classe média em uma pequena cidade do

Sul devia ser, em certos níveis, a maneira mais maravilhosa de uma criança viver nos Estados Unidos.

Na Margin Street, em Grenada, quando entramos de carro na cidade, uma garota com um vestido de dama de honra amarelo e um chapéu de tule, o marido dela de fraque, voltava para casa depois de um casamento carregando a filha, um bebê de dois ou três anos.

Na casa dos Evans, havia um cartão de Natal emoldurado, do presidente e da sra. Nixon, e o que parecia ser o título de propriedade de um escravo, também emoldurado. Tomamos um drinque e, depois de algum tempo, levamos nossas bebidas para o carro e fomos dar uma volta pela cidade. A sra. Evans havia crescido em Grenada, já havia sido casada uma vez e agora ela e seu segundo marido — que era de Tupelo — moravam na antiga casa de sua mãe.

— Olhe só todas aquelas pessoas em pé na frente daquele motel — disse ela enquanto andávamos de carro.

— Aquilo é um bordel — respondeu o marido.

Fomos até o lago, depois jantamos no Holiday Inn, já que aquela era mais uma cidade onde o Holiday Inn era o melhor lugar para comer. Tínhamos levado nossos drinques e uma garrafa, porque não serviam bebidas lá, só forneciam gelo e copos. Eu não tinha certeza se levar a garrafa era legal. A legalidade ou ilegalidade das bebidas alcóolicas no Sul parece complicada para quem é de fora, mas eram praticamente ignoradas pelos moradores. Durante o jantar, algumas pessoas ficaram olhando para nós e mais tarde foram cumprimentar os Evans. Eles nos apresentaram como amigos da Califórnia.

— Estávamos nos perguntando de onde seriam — disse um deles.

No caminho, passamos por um garoto de cinco anos vestindo um pijama de uniforme de beisebol que jogava bola com uma empregada negra de uniforme branco. A bola ia e voltava, ia e voltava, suspensa em âmbar.

Os Evans tinham um bebê, filho dos dois, e uma garota de dezesseis anos, filha apenas da mulher.

— Ela só sai do quarto quando é hora de comer ou sair — afirmou ele a respeito da enteada.

Sobre a garrafa no jantar: na verdade, levamos três garrafas, uísque, bourbon e vodca, e não devia ser legal levá-las para um estabelecimento naquele estado regido pela lei seca, porque a sra. Evans as levou em uma bolsa grande que carregava exatamente para esse fim.

Sobre o bordel: a ideia de que um prostíbulo possa ser um elemento aceito na ordem social anda de mãos dadas com colocar a mulher em um pedestal.

Oxford

No grêmio estudantil da Universidade do Mississippi, jovens assistiam a *General Hospital* na televisão, exatamente como no restaurante Angelyn, em Winfield.

No grêmio estudantil, havia um calendário oficial do mês de maio, no qual estava impresso "28 de maio — Férias

— Cause Confusão". Abaixo, alguém havia escrito: "Uma ocupação apropriada para um aluno desta universidade". A autoimagem de cavalheirismo do Sangue Sulista ficava evidente ali.

Na livraria da universidade, que parecia ser o único lugar em Oxford onde era possível comprar um livro (com a exceção de uma farmácia na praça, onde havia várias prateleiras de livros de bolso), os únicos livros disponíveis além dos textos obrigatórios era um punhado de best-sellers e alguns (de maneira nenhuma todos) romances de William Faulkner.

Na piscina do Holiday Inn, o diálogo musical:

— Pegue aquela moeda, está em algum lugar aí embaixo.

— Eu machuquei o dedo do pé.

— Eu machuquei *meu* pé subindo em uma ameixeira.

— *Como* você machucou o dedo do pé?

— Escalando uma ameixeira.

— Para quê?

— Para pegar uma ameixa.

— Ei, Traste, dá para parar de rir?

— Tudo bem, Ganso.

Certa tarde, uma viatura da polícia com a porta aberta, o rádio perturbando a quietude, ficou estacionada no estacionamento do Holiday Inn durante todo o tempo que passei sentada à beira da piscina. Mais tarde, enquanto eu nadava, uma menininha me disse que, devido a algum fenômeno eletrônico estranho, quando se estava debaixo d'água era possível ouvir um rádio tocando. Eu submergi e ouvi as notícias da vitória conservadora na Grã-Bretanha e em seguida "Mrs. Robinson".

Certa tarde, enquanto dirigia sozinha pelo campus da Universidade do Mississippi, o vento começou a soprar, repentino e violento, o céu escureceu e houve trovões, mas nenhuma chuva. Fiquei com medo de surgir um tornado. A natureza súbita e imprevisível daquele fenômeno me deixou chocada. O clima dali devia moldar as ideias sobre quem e o que uma pessoa era, como acontece em todos os lugares.

Na mesma tarde, vi uma garota negra no campus: ela usava um penteado afro e uma blusa colada no corpo e era muito bonita, dotada de uma arrogância costeira típica de Los Angeles e Nova York. Eu não conseguia imaginar o que ela estaria fazendo na Universidade do Mississippi, ou o que ela pensava a respeito.

Enquanto jantava no Holiday Inn, ouvi a conversa de um quarteto acadêmico: dois professores, a esposa de um deles e uma mulher mais jovem, talvez uma estudante de pós-graduação ou professora-assistente. Eles estavam falando sobre como os Sigma Alpha Epsilon, os Sigma Nu e os Sigma Chi costumavam "controlar a política". A ruptura ocorreu quando Archie Manning, que eu acredito que fosse membro da Sigma Nu, concorreu a alguma coisa e perdeu, ou teve uma vitória apertada, o que provava a mudança. "Um pequeno artigo [tinha sido publicado] no *Mississippian* a esse respeito", a respeito da maneira como as fraternidades costumavam controlar as coisas e, segundo um dos homens, o artigo "dizia que não era mais assim, mas isso incomodou minha esposa e minha filha. Por que isso tinha acontecido?".

Os outros acrescentaram que havia sido um artigo "trivial", "não muito bem escrito", mas não tentaram responder à pergunta melancólica de seu colega.

Em um momento durante o jantar, a mulher jovem declarou em um tom de desafio temerário:

— Eu não ligo para como é o grêmio estudantil, não dou a mínima para isso.

Em outro momento, disse que estava convencida de que o FBI a estava "vigiando", porque tinha dois amigos que usavam drogas. Ela não usava nem pretendia usar, e acrescentou:

— Minha mente já se expandiu o suficiente.

Quando penso em Oxford agora, penso em Archie Manning, na Sigma Nu e nos adesivos de carro que diziam ARCHIE e TODOS COM ARCHIE, com uma bandeira confederada, e também nas imensas casas de fraternidade que cercam o campus, com seus lindos jardins, e também nos rapazes e moças que, em 1970, cruzavam os bosques de pinheiros para cantar "White Star of Sigma Nu" nos bailes depois dos jogos de futebol americano. Eu havia telefonado para uma pessoa que conhecia no Departamento de Literatura Inglesa de Berkeley para perguntar se havia alguém de qualquer corpo docente de qualquer departamento de qualquer faculdade do Mississippi com quem eu devesse falar, qualquer pessoa de renome em qualquer área que ele conhecesse, mas ele não conhecia ninguém, e só conseguiu sugerir que eu ligasse para a srta. Eudora Welty, em Jackson.

De fato, era o que eu pretendia fazer, se em algum momento passasse por Jackson, mas eu tinha medo de me aproximar demais de Jackson, porque de lá partiam voos para Nova York e para a Califórnia, e eu sabia que não duraria dez minutos em Jackson sem telefonar para a Delta ou para a National para que me levassem embora dali. Passei todo aquele mês cantarolando em minha mente "Leavin' on a Jet Plane", de Peter, Paul e Mary, e todas as noites em nosso quarto de hotel, pegávamos os mapas e calculávamos quantas horas de carro até Jackson, até Nova Orleans, até Baton Rouge ou até o lugar mais próximo de onde partissem aviões.

Dirigimos pela Old Taylor Road à noite em busca de Rowan Oak, a casa de William Faulkner. Havia vaga-lumes e relâmpagos ao longe, e tudo estava coberto por trepadeiras espessas, de forma que só conseguimos ver a casa no dia seguinte. Era grande e isolada, e estava escondida, afastada da estrada. Eu tinha lido um livro sobre Faulkner em Oxford, com entrevistas com seus concidadãos em Oxford, e fiquei profundamente afetada pela hostilidade em relação a ele e pela maneira como ele tinha conseguido ignorá-la. Achei que se raspasse um pequeno pedaço de sua lápide, uma lembrança daquele lugar, eu saberia, toda vez que olhasse para ele, que a opinião dos outros não contava muito em nenhum sentido.

Então fomos até o cemitério, o cemitério de Oxford, para procurar a sepultura. Debaixo de um carvalho, um garoto negro estava sentado dentro de um Buick de dois tons de salmão, com a porta aberta. Ele estava sentado no chão do carro, com os pés do lado de fora e, enquanto eu estava lá, surgiram serpenteando pela rua do cemitério vários carros com adesivos da Universidade do Mississippi e de TODOS COM ARCHIE, e deles saíram vários rapazes que discutiram algo com o garoto negro, e em seguida foram embora. O garoto negro parecia estar traficando maconha e seu carro exibia um adesivo da Universidade Estadual de Wayne. Fora isso, não havia ninguém, apenas coelhos, esquilos, o zumbido das abelhas e o calor, um calor nauseante, um calor tão intenso que achei que ia desmaiar. Passamos várias horas procurando pelo túmulo, encontramos o mausoléu dos Faulkner e diversos túmulos de outros Faulkner/Falkner, mas nunca encontramos o túmulo de William Faulkner em todo aquele cemitério cheio de cidadãos de Oxford e crianças pequenas.

Todos os truques de reportagem que eu conhecia se revelaram inúteis no Sul. Eu sabia que havia coisas que eu deveria fazer, mas não fazia. Nunca cheguei a marcar um encontro com uma consultora de noivas da maior loja de departamentos de nenhuma das cidades onde estive. Não assisti às semifinais do Concurso de Miss Hospitalidade do Mississippi, embora estivessem sendo realizados em pequenas cidades não muito longe de onde estávamos, onde quer que estivéssemos. Tampouco liguei para as pessoas cujos nomes me tinham sido dados e, em vez disso, me dediquei a perambular pelas farmácias das pequenas cidades. De alguma forma muito real, passei aquele mês inteiro embaixo d'água.

Eu me dediquei a conversar por telefone com a sra. Frances Kirby, de Jackson. A sra. Kirby estava encarregada dos concursos de Miss Hospitalidade, que estavam acontecendo em Bay Springs, Cleveland, Clinton, Greenwood, Gulfport, Indianola, Leland e Lewisville. Eu estava a alguns quilômetros de Cleveland no dia em que o concurso seria realizado lá e liguei para os patrocinadores e para a Câmara de Comércio, e eles me disseram para ir "ao Country Club" para assistir, mas eu não fui.

Um almoço de domingo em Clarksdale

Um domingo, fomos de Oxford até Clarksdale, para almoçar com Marshall Bouldin e sua esposa, Mel. O almoço foi servido pontualmente ao meio-dia, poucos minutos depois da nossa chegada. Havia frango frito com molho, arroz branco, ervilhas frescas e torta de pêssego de sobremesa. O calor era tão intenso que o gelo já havia derretido nos copos Waterford antes mesmo de nos sentarmos à mesa. Agradecemos pela comida. As crianças foram autorizadas a falar sobre temas de interesse, mas sem interromper. Foi a refeição mais longa e pesada da minha vida. Eu estava em um lugar onde o "domingo" ainda era como na casa da minha avó, uma pausa importante na semana, um dia de tédio tão extremo a ponto de ser exaustivo. Era o tipo de domingo que fazia uma pessoa ansiar pela segunda-feira de manhã.

Depois do almoço, nos sentamos na sala de estar da pequena casa na cidade onde os Bouldin estavam morando enquanto a casa da fazenda era reformada. Marshall Bouldin falou, e eis algumas das coisas que disse:

— No Sul, o dinheiro e o poder estão tradicionalmente nas mãos das pessoas que plantam. Por essa razão, o Delta é rico. Há pessoas ricas no Delta. De lá não saem governadores, mas sim o dinheiro e o poder para elegê-los. Os governadores vêm das colinas e de Hattiesburg. Há um vice-governador de Clarksdale agora, mas isso é incomum. Nas colinas há menos negros. O Delta, que é mais rico, tem uma população negra maior. A terceira parte do Mississippi, além das colinas e do Delta, é a área costeira, que é na verdade um fenômeno isolado.

"Fico muito feliz em ver o que aconteceu no Mississippi. Nos últimos vinte anos, a mentalidade mudou muito. O interior é certamente mais reacionário. O Delta segue sendo conservador, é verdade, mas as pessoas aqui têm dinheiro, e as pessoas que têm dinheiro podem ser expostas a novas ideias.

"O principal produto que plantamos aqui é o algodão, a soja está substituindo os cultivos para exportação. No passado tentamos a pecuária, mas o solo é fértil demais para a criação de gado, as terras planas terminam em Vicksburg. O Delta tem cerca de oitenta quilômetros de extensão e até depois da Guerra de Secessão, quando os diques foram construídos, era composto apenas de terras alagadas. Então, por volta de 1870, as pessoas começaram a se mudar para lá, a terra era fértil, toda coberta de lodo do rio. Qual é o tamanho da fazenda média no Delta? Bem, uma fazenda grande tem seis mil hectares, e uma pequena, entre cem e cento e cinquenta; diz-se que a média é trezentos, mas isso seria pouco para cultivar algodão ou soja.

"Trinta anos atrás, meu pai e o pai de Mel levavam uma vida ideal para um dono de plantação. Agora é mais um negócio, não é a mesma coisa. Naquela época, isso aqui não passava de um punhado de cidadezinhas, havia grandes eventos sociais, e as pessoas iam de cidade em cidade para participar desses eventos sociais, o que mantinha o país unido.

"O que temos aqui é o que resta do sistema feudal. É uma região onde ainda há muitos criados. Temos a sorte de ter Charles e Frances, que viviam na casa do meu pai. O que predominava por aqui até muito recentemente era um sistema de arrendamentos. Cada família negra era responsável pelos cinco ou seis hectares ao redor de sua cabana. O proprietário atuava como supervisor e fornecia comida e tudo o mais de que a família precisasse, e essas famílias eram numerosas, mas diziam: 'sr. Marshall, cuide de mim', e nós cuidávamos. Isso foi uma das coisas que mudou por aqui. O irmão da Mel já não segue o sistema de arrendamentos.

"Meu pai nunca maltratou ninguém. E, Mel, seu pai também não. Alguns fazendeiros abusavam do sistema de arrendamentos. Havia um fazendeiro por aqui que no dia do pagamento os obrigava a sorrir, e só distribuía dólares de prata quando eles sorriam, mas casos como esse eram poucos, e talvez esse comportamento fosse tolerado, mas nunca foi aprovado. O pai de Mel mantinha *livros contábeis* e pagava todos os arrendatários. A comunidade sabia quem eram os que se aproveitavam e reprovava esse comportamento. É claro que ninguém os colocava na cadeia, o que talvez seja o que deveriam ter feito.

"A automação mudou as coisas, a colheitadeira de algodão fez com que não precisávamos mais de tantas pessoas. Nunca expulsamos ninguém da terra, eles simplesmente foram se mudando pouco a pouco para Detroit ou para a cidade. Alguns fazendeiros mandaram as pessoas embora, mas no geral não foram desalojados muitos homens negros.

"A grande mudança, acredito, foi quando chegou a televisão. Os jovens puderam ver como as outras pessoas viviam, outras vidas. Foi o principal sistema educacional do condado.

"O principal trabalho do meu pai era falar com John e ver se ele precisava de alguma coisa (John era o supervisor ou capataz). O irmão de Mel, por sua vez, comanda... não quero dizer que seja uma fábrica, mas faz o manejo do algodão. Ele tem cerca de mil e duzentos hectares em três terrenos. Em 1950, eu cuidava da fazenda da mesma maneira que meu pai, montado em um cavalo. Agora é preciso ter um supervisor em cada plantação, com sua caminhonete. Você precisa ter um rádio, para poder se comunicar com o funcionário que fica na cidade e pedir que ele traga uma peça em quinze minutos. Antes era possível ter uma vida agradável com o cultivo. Enquanto colhia o algodão no outono, você lia livros, ia caçar, se sentava junto ao fogo e socializava. Agora, eles passam todo o inverno trabalhando nas máquinas. Se conseguir concluir os reparos em janeiro, pode tirar um mês ou seis semanas de folga em fevereiro, mas é isso. — Ele fez uma pausa e olhou para a esposa. — Não é, Mel?"

Mel deu de ombros.

— Ainda é uma vida boa — disse ela.

— A população negra ainda é grande por aqui — continuou ele. — Atualmente, nas escolas, oitenta por cento são negros e vinte por cento brancos, agora que estamos integrados. Nós quebramos a cabeça para saber o que fazer com nossos filhos, e por ora nossa decisão provisória foi mandá-los para escolas particulares, mesmo que isso seja contrário aos nossos ideais. Não posso sacrificar meus filhos em nome do meu ideal. Os negros foram forçados a se integrar. Basicamente, sei que as pessoas que promovem a integração estão certas, mas passam a impressão de que estão se precipitando. Disseram que teríamos que estar integrados em 2 de fevereiro. Mas por que não podiam esperar até setembro? O que aconteceu foi um endurecimento das atitudes. Nesta comunidade há pessoas que podem estar dando mostras de estar abrindo a mente, mas um pai descobre que na semana seguinte seu filho vai ter que ir para a Higgins High... Essa porta se fecha e ninguém sabe quando ela vai se abrir novamente.

"Dizem que por aqui são necessárias três gerações para formar um cavalheiro, no entanto, se eu fosse um garoto negro de dezesseis anos, não ia querer esperar três gerações. Por toda essa área, ainda temos grandes famílias matriarcais, famílias sem pai, sem ninguém para dizer se você vai colher os benefícios, mas você precisa se esforçar.

"Eu não sou dado a extremos e, como a maioria, estamos tentando tomar o caminho mais fácil que permita a todos sermos felizes. Neste momento, há cinco ou seis casas em Clarksdale nas quais essa conversa poderia estar acontecendo. Pode não parecer muito, mas quando eu era criança, não havia nenhuma.

"A melhor coisa que podemos fazer é criar nossos filhos de maneira diferente e assim acrescentar quatro pessoas à comunidade que podem voltar para casa dessa pequena escola episcopaliana e pensar diferente. No ano passado, quando as ordens de integração estavam sendo executadas por todo o Mississippi, era difícil tomar decisões, e ainda é."

Charles e Frances vieram da cozinha para se despedir. Iam à igreja. Marshall Bouldin sorriu de orelha a orelha ao apresentá-los.

— Charles e Frances moravam na propriedade do meu pai, não é mesmo, Frances?

Frances balançou a cabeça.

— Sim, senhor, isso mesmo — disse ela. — O sr. Marshall e eu brincávamos juntos quando éramos pequenos.

Chegaram notícias de um tornado em algum lugar perto do Delta, embora não no condado de Coahoma, e houve um telefonema para informar a Marshall Bouldin que "um homem negro morreu na propriedade ontem à noite".

Fomos até a fazenda, onde a casa estava sendo reformada. Bouldin nos mostrou as cabanas vazias dos arrendatários.

— Quando eu era pequeno, cultivávamos tudo com mulas — contou ele. — Quando fui para a faculdade, já tínhamos máquinas de quatro sulcos. Agora temos máquinas de seis sulcos.

Ele indicou os tratores, que tinham custado quinze mil dólares cada, e acrescentou que só no galpão havia sessenta mil dólares em tratores. Ele mostrou o escritório que seu pai usava para fazer os pagamentos e uma das cabanas dos arrendatários, que estava ocupada.

— Esta é uma das cabanas dos arrendatários, que ainda é ocupada pelo meu velho companheiro de pesca, Ernie.

Ernie chama os Bouldin de srta. Mel e sr. Marshall.

— Aquilo tudo é algodão — disse ele —, até o bosque de ciprestes.

Eu perguntei o que havia além do bosque de ciprestes.

— Um pouco mais da nossa propriedade.

Para uma mulher do Sul de sua idade e classe social, Mel Bouldin havia feito algo extraordinário: tinha ido para a faculdade de Medicina depois do nascimento dos filhos e agora era ginecologista e obstetra em Memphis, em parceria com três homens. Ela ia "da propriedade" a Memphis em um avião particular.

— Não suporto ficar sentada no Country Club *jogando conversa fora* — disse ela a título de explicação.

Na época em que a visitamos, ela estava tirando um ano sabático para supervisionar a reforma da casa, que ia ser "uma casa de meninos, tudo muito prático e sem decoração". "Eu adoro meninos", não parava de repetir. Ela parecia ter sido afetada de alguma maneira pelo grande salto que tinha dado para além de seu tempo e lugar: havia descoberto que, para ser a mulher que desejava ser, precisava rejeitar veementemente muitas das coisas que tradicionalmente davam prazer às mulheres: cozinhar ("É claro que eu detesto cozinhar, eu seria capaz de andar quilômetros só para não ter que cozinhar"), qualquer vaidade a respeito de sua própria aparência, qualquer interesse em que sua casa refletisse seus gostos. A casa de sua mãe refletia sua mãe. Já a casa de Mel ia refletir "os meninos", e seu maior prazer eram as escadas secretas e esconderijos que estava construindo dentro das paredes para as crianças.

No almoço, ou pouco antes, o menino de sete anos foi convidado a se apresentar, e o fez com prazer, tocando "Joy to the World" ao piano, uma melodia peculiar naquele dia quente de junho no Delta. Todos se deram as mãos durante a bênção à mesa. Os quatro meninos vestiam camisas azuis iguais, com gola mandarim. A família tinha acabado de voltar do culto dominical na igreja presbiteriana. Eu havia ligado para Marshall Bouldin no dia anterior, de Oxford, e ele sugeriu que fôssemos almoçar em sua casa. "Venham depois da igreja." A ideia de "igreja" como um compromisso da manhã de domingo não existia nas sociedades protestantes que conhecia havia duas gerações, mas segue existindo no Sul.

Em nosso caminho, passamos pela Delta Road, onde "só vivem negros, e se há algum branco, prefiro não conhecê-lo".

Nos fundos da casa, a imensa piscina da Sears, Roebuck, se erguia um metro ou um metro e meio acima do gramado.

— Mantém as cobras e os sapos longe — afirmou Mel.

Clarksdale se autointitula "A Fivela Dourada do Cinturão do Algodão". Nas festas no Delta, as pessoas dizem umas às outras: "Como vai o algodão?" E depois: "E então? Como você está?"

Na Silk Stocking Row, em Clarksdale, vivem alguns fazendeiros, um advogado e o negociante de algodão. Muitos dos fazendeiros vivem na cidade. Há uma fazenda nos arredores de Clarksdale que é propriedade de um consórcio inglês.

Do Delta para Greenville

Do lado de fora do tribunal do condado de Bolivar, em Rosedale, um velho policial, com o colarinho frouxo em torno do pescoço grosso, estava sentado no carro com o motor em ponto morto ao entardecer de domingo.

Nos arredores de Rosedale, alguém havia pintado as letras KKK na placa que indicava o cruzamento com a via férrea.

Todos os outdoors anunciam inseticidas e fertilizantes para algodão e soja.

Em Benoit, a cidade onde *Boneca de carne* foi filmado, as pessoas perambulavam com aquela expressão "vazia" que as pessoas do Sul sempre mencionam antes de você e em seguida ficam na defensiva. ("Já deu uma olhada em um vagão do metrô em Detroit, Michigan?")

O verde interminável do Delta, o terreno plano, a névoa da manhã. As valas cobertas de algas e infestadas de mosquitos.

Em Greenville, a presença do dique, um muro alto no fim de todas as ruas do centro. Jantamos no píer, em um restaurante que servia um bom gumbo, e fiquei feliz por estar no rio (na verdade, estávamos em um pântano), fiquei feliz por estar em um lugar com boa comida, e acho que fiquei feliz por estar tão perto de um lugar de onde partiam voos da National e da Delta para a Califórnia.

Fomos jantar com Hodding Carter III e sua esposa, Peggy, e com Lew Powell, editor do jornal da cidade, e sua namorada. Hodding foi nos pegar e lá estava o onipresente copo no painel, o drinque para dar uma volta de carro, nesse caso um martíni.

Fomos jantar no Boyt's, um restaurante junto à estrada, na encruzilhada seguinte. No cardápio do Boyt's: "Salada italiana ou Carcamana".

Hodding Carter III:

— Os negros que deixam o Delta dizem que voltariam se houvesse alguma coisa aqui... este lugar exerce uma forte atração.

Ele disse que Nova Orleans era o lugar para onde as pessoas fugiam: "Você vai para lá para aproveitar a temporada social de onze meses e meio". A mulher dele era de Nova Orleans, tinha frequentado a escola da srta. McGehee e a Sophie Newcomb College e agora, ele nos deu a entender, vivia na fronteira.

Ainda levaria um tempo, ele achava, para que a automação chegasse à agricultura do Sul. Sua chegada à Califórnia havia sido "acelerada por problemas de mão de obra". Ele via um Novo Sul industrial como uma espécie de quimera. A dificuldade era a força de trabalho não qualificada.

— No Sul, falam de mão de obra barata, mas para as empresas nacionais, a mão de obra barata é um mito, para qualquer empresa com contratos de trabalho. Portanto, isso não é uma vantagem, e outra desvantagem para a indústria aqui é que temos problemas sociais que não existem no Norte.

"O FBI" como um tema recorrente no Sul. Eu tinha ouvido falar dele em Biloxi, em Oxford, em Grenada, em Greenville.

A distorção do tempo: a Guerra de Secessão foi ontem, mas as pessoas falavam de 1960 como se tivesse sido cerca de trezentos anos antes.

Rio abaixo e de volta para casa

Os nomes das fazendas indo para o Sul pela estrada 61: Baconia, Lydia e Evanna. Nos outdoors: PESTICIDA DYANAP. Uma fazenda ao sul de Onward: Fazenda Realidade. A Biblioteca sobre Rodas do Condado de Yazoo, um pulverizador envolvendo tudo em uma névoa amarela. Um ônibus da Greyhound com CHICAGO escrito no para-brisa atravessando o condado de Warren a grande velocidade rumo ao Norte pela 61.

Nos arredores de Vicksburg há um shopping center com uma galeria chamada Battlefield Village. Em Port Gibson há uma igreja presbiteriana que em vez de uma cruz tem, no topo do campanário, um dedo de ouro apontando para o céu. O kudzu.

Fayette parecia um cenário de *Porgy and Bess*, no sentido de que havia apenas negros na rua e do outro lado das janelas. O único branco que vi enquanto passávamos de carro estava vestindo uma camisa azul de trabalhador e tinha um bigode estilo Zapata.

"A Interestadual" como expressão e conceito. Os grandes elos pulsantes entre um lugar e outro.

Na vitrine de uma cafeteria em South McComb, APOIE O CONSELHO MUNICIPAL e DIREITOS DOS ESTADOS: INTEGRIDADE RACIAL, o que basicamente deixava tudo bem claro. (Na verdade, acho que o restaurante — Boyt's — que tinha salada carcamana no cardápio ficava em McComb, não em Greenville.)

Paramos na casa de Walker Percy, em Covington, Louisiana. Ficamos sentados na parte de trás da casa, junto ao rio, bebendo gim-tônica. Quando começou a cair uma chuva leve, uma espécie de névoa de umidade, Walker não deu a mínima e continuou conversando e indo até a casa para pegar mais bebidas. Era uma tempestade, com uma luz estranha, e de vez em quando víamos pessoas esquiando nas águas negras do rio.

— O Sul — disse ele — tem uma dívida com o Norte... Já dividiu a União uma vez... E agora só o Sul pode salvar o Norte.

Ele disse que não quis nos encontrar em Nova Orleans, na casa de Ben C., porque na casa de Ben C. sempre dizia coisas que normalmente não diria, representando um papel. Greenville, afirmou, era um tipo diferente de cidade. Ele havia passado algum tempo em Los Angeles uma vez, mas não queria se lembrar disso.

— Foi o clima — complementou sua esposa suavemente. — O clima era ruim.

— Não foi o clima — disse ele, e sabia exatamente o que tinha sido.

Ao cruzar a ponte Pontchartrain, a água cinza, a calçada cinza, o horizonte cinza se materializavam a distância mais ou menos no momento em que você deixava de ver a costa por trás. A visão de Nova Orleans surgia como uma miragem a partir do ponto médio da passagem do lago Pontchartrain.

Sicômoros e víboras. Citando Audubon, 1830:

Pântanos profundos, cobertos pela sombra de milhões de ciprestes gigantes e escuros que estendem seus galhos robustos cobertos de musgo (...) Eu gostaria de poder transmitir a vocês a natureza perigosa do solo, sua tendência ressumante, esponjosa e lamacenta (...)

Uma discussão sem sentido na passagem, palavras ofensivas, depois silêncio. Passamos uma noite sem nos falar em um hotel no aeroporto e pegamos o voo de nove e quinze da National para São Francisco. Nunca escrevi a reportagem.

Notas da Califórnia

Eu tinha dito a Jann Wenner, da revista Rolling Stone, *que cobriria o julgamento de Patty Hearst, e isso me obrigou a examinar minhas ideias a respeito da Califórnia. Incluí aqui algumas das anotações que fiz na época. Nunca escrevi a matéria sobre o julgamento de Hearst, mas fui a São Francisco em 1976 enquanto ele estava em andamento e tentei cobri-lo. E acabei me envolvendo bastante na tentativa de esclarecer meus sentimentos confusos. Isso não me levou a escrever a reportagem, mas acabou levando, anos mais tarde, a* Where I Was From, *obra publicada em 2003.*

Quando estive lá para cobrir o julgamento, fiquei hospedada no Mark. E do Mark era possível ver o interior do apartamento de Hearst. Então, eu ficava sentada em meu quarto e imaginava Patty Hearst ouvindo Carousel. *Eu tinha lido que ela se sentava no quarto e o ouvia. Eu achava que o julgamento teria algum significado para mim, porque eu era da Califórnia. Isso acabou não se provando verdade.*

A PRIMEIRA VEZ que estive em um avião foi em 1955, e naquela época os voos tinham nomes. O meu voo era o *Golden Gate*, da American Airlines. A serviço dos viajantes transcontinentais entre São Francisco e Nova York. Uma semana antes, com vinte e um anos, eu estava andando por Berkeley de tênis e capa de chuva verde, e agora eu era uma Viajante Transcontinental, Almoçando em Pleno Ar Peru Beltsville Assado com Acompanhamentos e Molho Giblet. Eu acreditava nos Tecidos de Algodão Escuro. Acreditava em Chapéus Pequenos e Luvas Brancas. Acreditava que os Viajantes Transcontinentais não usavam sapatos brancos em Nova York. No verão seguinte, voltei a bordo do *New Yorker*, da United Airlines, e almocei Martíni com Gelo e Aipo Recheado com Roquefort sobre as Montanhas Rochosas.

A imagem da Golden Gate é muito forte em minha mente. De todas as imagens unificadoras, essa é particularmente vívida.

Na redação do *Sacramento Union*, aprendi que condado de Eldorado e cidade de Eldorado se escrevem assim, mas que em seu uso regular El Dorado são duas palavras; a usar em caixa-alta e baixa Semana das Camélias, Vale Central, Distrito de Irrigação de Sacramento, bombardeiros Liberator e Superfortalezas, Follies Bergere [*sic*], o Projeto do Vale Central e "alcunhas como Corredor da Morte, *Krauts* ou *Jerries*, para se referir aos alemães, *Doughboys*, *Leathernecks* e *Devildogs*, para se referir aos soldados americanos".

Uma profecia procedente das aulas na Arden Academy:

No Carnegie Hall, encontramos Shirley Long
No palco cantando uma canção.
Arthur Raney fez dos filmes sua profissão,
E é frequentemente seguido por uma multidão.
Como modelo, Yavette Smith alcançou a fama,
"Bubbles" é como todo mundo a chama...
Janet Haight se dedica ao trabalho missionário,
Ela é inteligente e usa um dicionário...
Da Casa Branca, Joan Didion agora é residente
Já que é a primeira mulher presidente.

Examinando as evidências, encontro o que agora me parece (ou melhor, me parecia então) uma aura totalmente espúria de êxito social e conquistas pessoais. Aparentemente meu nome saiu muitas vezes no jornal da universidade. Eu pareço ter pertencido ao que eram, naquele contexto, os clubes "certos". Pareço ter recebido, de forma completamente desproporcional ao meu histórico acadêmico de modo geral nada notável, uma quantidade exorbitante de prêmios e bolsas de estudos (apenas bolsas por mérito: eu não cumpria os requisitos para uma bolsa por necessidades econômicas), recomendações e atenção especial e, muito provavelmente, também a inveja e admiração de pelo menos alguns dos meus colegas. Curiosamente, me lembro apenas de fracassos, falhas, negligências e recusas.

Parece que fui a bailes e fotografada usando vestidos bonitos, e também como líder de torcida. Parece que fui madrinha de casamento várias vezes. Parece que sempre era "a editora" ou "a presidente".

Acho que sempre ia a chás.

Isso não tem a ver com Patricia Hearst. Tem a ver comigo e com o vazio peculiar no qual cresci, um vazio no qual os Hearst podiam ser literalmente os reis do pedaço.

Eu nunca passei por privações.

"How High the Moon", de Les Paul e Mary Ford. *Matar ou morrer.*

Eu vivi a maior parte da minha vida mergulhada em alguma espécie de mal-entendido. Até ir para a faculdade, achava que meu pai era "pobre", que não tínhamos dinheiro, que cada centavo contava. Eu me lembro de ter ficado surpresa na primeira vez que meu irmão pequeno pediu uma casquinha de sorvete de dez centavos em vez de uma de cinco e ninguém pareceu se importar.

Minha avó, que era de fato pobre, gastava dinheiro: os chapéus Lilly Daché e Mr. John, os casacos de vicunha, o sabão artesanal e o perfume de dois dólares o mililitro eram para ela itens de primeira necessidade. Quando estava prestes a fazer dezesseis anos, ela me perguntou o que eu queria ganhar de aniversário e eu fiz uma lista (um batom ultravioleta, entre outras coisas), para que ela escolhesse um item e me surpreendesse: ela comprou a lista inteira. Também me deu meu primeiro vestido de adulta, um de jérsei de seda estampado com flores azul-claras e pétalas de jérsei em torno da gola. Foi comprado no Bon Marché de Sacramento, e eu sabia quanto custava (sessenta dólares) porque tinha visto uma propaganda no jornal. Agora me vejo fazendo muitas das mesmas escolhas para minha filha.

No centro dessa história, há um segredo terrível, um grão de cianureto, e o segredo é que a história não importa, não muda nada, não faz nenhuma diferença. Segue nevando na Sierra. O Pacífico segue estremecendo em sua bacia. As grandes placas tectônicas se movimentam umas contra as outras enquanto dormimos e acordamos. Cascavéis na grama seca. Tubarões sob a ponte Golden Gate. No Sul, eles estão convencidos de ter banhado sua terra de sangue com a história. No Oeste, não acreditamos que nada do que fazemos pode banhar de sangue a terra, mudá-la ou afetá-la.

Como chegamos a isso?

Estou tentando encontrar meu lugar na história.

Passei a vida buscando a história e ainda não a encontrei.

A natureza decididamente "pitoresca" e repleta de anedotas da história de São Francisco. Os "personagens" são abundantes. Isso deixa qualquer um desanimado.

No Sul, eles estão convencidos de que são capazes de ter banhado sua terra de sangue com a história. No Oeste, não temos essa convicção.

Belo país arde novamente.

A sensação de não estar à altura da paisagem.

Lá, na sala cerimonial dos tribunais, uma missa laica era realizada.

Vejo agora que a vida que fui criada para admirar era infinitamente romântica. As roupas escolhidas para mim tinham um forte elemento pré-rafaelita, medieval. Verdes suaves e marfins. Rosas opacos. (Outras pessoas usavam azul-celeste, vermelho, branco, azul-marinho, verde-floresta e xadrez azul e verde. Eu as achava "convencionais", mas, em segredo, as invejava. Eu estava condenada à não convencionalidade.) Nossas casas também eram mais escuras do que as outras, e tínhamos uma clara preferência pelo cobre e pelo latão escurecidos e esverdeados. Também deixávamos que nossa prata escurecesse cuidadosamente em todas as partes gravadas, "para destacar o desenho". Até hoje a prata muito polida me incomoda. Parece "nova demais".

Essa predileção pelo "antigo" se estendia por todos os âmbitos de nossa vida doméstica: as flores secas tinham um encanto mais duradouro do que as frescas, as estampas tinham que ser desbotadas, o papel de parede precisava ter marcas de sol antes de ter a aparência correta. Em matéria de toques decorativos, nosso ápice foi a aquisição de uma casa (nós, a família, nos mudamos para lá em 1951, na esquina da 22nd com a T, em Sacramento) cujas cortinas não eram trocadas desde 1907. Nossas cortinas favoritas naquela casa eram as de organza de seda dourada que cobriam uma janela alta na escada. Pendiam por quase dois andares, ondulavam, iridescentes, a cada pequena corrente de ar e se enrugavam ao toque. Para nosso extremo desagrado, Genevieve Didion, nossa avó, substituiu aquelas cortinas quando se mudou para a casa, no final dos anos 1950. Ainda penso naquelas cortinas, e minha mãe também (design doméstico).

Tendências orientais. Os pequenos baús de ébano, os pratos. As casas estilo Maybeck. As brumas. O indivíduo elevado a um nível místico, misticismo sem base religiosa.

Quando leio Gertrude Atherton,* reconheço o território do subtexto. As assembleias às quais não se compareceu, as fazendas abandonadas — nos romances e também nos sonhos — devido a convicções nobres e elevadas sobre a escravidão. Talvez tivessem convicções, talvez não, mas também haviam aprendido a viver como fazendeiros. Tanto nos romances quanto na autobiografia da sra. Atherton, vemos a versão mais maligna de um sistema de castas provinciano. O orgulho do "bom gosto", dos "vestidos simples".

Na página 72 da autobiografia, a sra. Atherton aparece cortando cobras ao meio com um machado.

---

* Gertrude Atherton (1857-1948) nasceu em São Francisco e se tornou uma prolífica e às vezes controversa autora de romances, contos, ensaios e artigos sobre assuntos que incluíam feminismo, política e guerra. Muitos de seus romances são ambientados na Califórnia.

Quando leio Gertrude Atherton, penso não apenas em mim, mas também em Patricia Hearst, ouvindo *Carousel* em seu quarto na California Street.

Os detalhes da vida de Atherton aparecem em sua ficção, ou os detalhes da ficção aparecem em sua autobiografia: é difícil dizer qual é a construção correta. Os canteiros de violetas-de-parma na casa dos Atherton se fundem sem esforço com os canteiros de violetas-de-parma da casa de Maria Ballinger-Groome Abbott no romance *The Sisters--in-Law*, de Atherton. A mãe de Gertrude tinha suas melancolias de três dias, assim como uma das personagens de *Sleeping Fires*. Haveria violetas-de-parma na casa dos Atherton? A mãe de Gertrude tinha estados melancólicos que duravam três dias?

Quando comparo as casas que fui criada para admirar, na Califórnia, com as casas que meu marido foi criado para admirar, em Connecticut, fico surpresa com o fato de termos construído uma casa juntos.

Escalar o Monte Tamalpais, no condado de Marin, um ideal místico. Eu nunca o escalei, mas atravessei a ponte Golden Gate, usando meu primeiro par de sapatos de salto alto, sapatos De Liso Debs de menina, cor de bronze, com saltos de oito centímetros. Atravessar a Golden Gate era, como escalar o Tamalpais, um ideal.

Corte Madera. Patê de cabeça de porco. Comer damascos e ameixas nas rochas de Stinson Beach.

Até ler Gertrude Atherton, eu nunca tinha visto a expressão "ao sul da Market", usada exatamente como minha avó, minha mãe e eu sempre a havíamos usado. Edmund G. "Pat" Brown era do sul da Market.

Meu pai e meu irmão diziam "a Cal" (isto é, a Universidade da Califórnia em Berkeley). Os dois tinham sido membros de fraternidades, meu pai, da Chi Phi, meu irmão, da Phi Gamma Delta. Para falar a verdade, eu também pertencia a uma fraternidade feminina, a Delta Delta Delta, mas só morei na casa da fraternidade dois dos quatro anos que passei em Berkeley.

Costumava haver um ponto do qual eu gostava na estrada do cânion de Malibu, entre o vale de San Fernando e o oceano Pacífico, um ponto do qual era possível ver o que todo mundo chamava de "céu da Fox". A Twentieth Century-Fox tinha um rancho naquelas colinas, não um rancho de verdade, mas vários milhares de hectares nos quais os filmes de faroeste eram gravados, e "o céu da Fox" era simplesmente isto: o céu da Fox, a lona gigante do céu da Fox, o pano de fundo do Big Country.

Quando comecei a ir para o Havaí, o Royal Hawaiian já não era o "melhor" hotel de Honolulu, e Honolulu tampouco era o lugar "elegante" para passar férias no Havaí, mas para os filhos da Califórnia que tinham crescido como eu, Honolulu e o Royal Hawaiian continuavam tendo uma aura de sofisticação. Quando iam ao Havaí, as madrinhas de Sacramento levavam saias de ráfia de presente para suas afilhadas. Nas reuniões das escoteiras, as meninas aprendiam a cantar "Aloha'Oe " e a acreditar que sua falta de jeito se resolveria por meio do domínio da hula. Para os bailes, mais tarde, elas queriam colares de flores e, se não houvesse, pulseiras de pequenas orquídeas, "trazidas de avião" de Honolulu. Eu me lembro de "trazido de avião" como uma expressão comum da minha adolescência em Sacramento, simplesmente "trazido de avião", o ponto de origem não era mencionado e ficava implícito. O "luau", interpretado em minha região como um churrasco com colares de flores, era um entretenimento muito popular. A "lanai" substituiu a varanda envidraçada na arquitetura doméstica local. O romantismo de todas as coisas havaianas coloriu minha infância na Califórnia, e o Royal Hawaiian parecia permanecer em Waikiki como evidência tangível de que aquela infância na Califórnia realmente havia existido.

Desde 1974, tenho no meu escritório uma fotografia que recortei de uma revista logo depois que Patricia Campbell Hearst foi sequestrada de seu apartamento em Berkeley. Essa fotografia foi muito veiculada nas publicações da época, sempre creditada à agência Wide World, e mostra Patricia Hearst, seu pai e uma de suas irmãs em uma festa no Country Club de Burlingame. A fotografia foi tirada seis ou sete meses antes do sequestro, e os três membros da família Hearst estão sorrindo para a câmera: Patricia, Anne e Randolph.

O pai está informal, mas com roupa de festa — casaco leve, camisa escura, sem gravata; as filhas o flanqueiam com longos vestidos floridos. Todos têm colares de flores no pescoço, pai e filhas, colares claramente "trazidos de avião" para aquela noite. Randolph Hearst usa dois colares, um de folhas de maile e o outro de orquídeas amarradas no desenho de pétalas muito juntas que os produtores dos colares chamam de "Maunaloa". As filhas usam colares de pikake, o tipo mais raro e caro de colar havaiano, voltas e mais voltas de pequenos botões de jasmim-árabe amarrados como contas de marfim.

Às vezes, eu me perguntava o que a irmã de minha avó, May Daly, tinha gritado no dia em que a levaram para o hospital, porque tinha a ver comigo: ela havia ficado obcecada por mim, quando eu tinha dezesseis anos, como a fonte do terror que sentia, mas eu nunca tive coragem de perguntar. A longo prazo, é melhor não saber. Da mesma forma que não sei se meu irmão e eu dissemos certas coisas um para o outro às três ou quatro da manhã de Natal ou se foi um sonho, e não perguntei.

Temos esperança de passar uma parte de todos os verões juntos no lago Tahoe. Temos esperança de reinventar nossas vidas, ou pelo menos eu tenho.

O Registro Social de São Francisco. Quando São Francisco se tornou uma cidade com um Registro Social? Como isso aconteceu? A ambição social de São Francisco, o fato de sempre ter admirado títulos, mesmo que fossem títulos falsos.

Passei a vida lendo esses nomes e nunca soube quem essas pessoas eram nem quem são. Quem, por exemplo, é Lita Vietor?

C. Vann Woodward: "Todo grupo, de qualquer tamanho, com consciência de si mesmo inventa mitos sobre o seu passado: sobre suas origens, sua missão, sua retidão, sua benevolência e sua superioridade em geral". Isso não é exatamente verdade a respeito de São Francisco.

ALGUMAS MULHERES:

Gertrude Atherton
Julia Morgan
Lillie Coit
Jessica Peixotto
Dolly Fritz MacMasters Cope
Lita Vietor
Phoebe Apperson Hearst
Patricia Campbell Hearst
Jessie Benton Frémont

Em parte é simplesmente de quem cai bem aos olhos, quem soa bem. Eu me sinto em casa no Oeste. As colinas das cordilheiras costeiras me caem bem, a extensão peculiarmente plana do Vale Central conforta meus olhos. Os nomes dos lugares soam como nomes de lugares de verdade. Sei pronunciar os nomes dos rios e reconhecer as árvores e cobras comuns. Aqui fico à vontade de uma maneira que não fico em outros lugares.

Este livro foi impresso pela Cruzado, em 2022, para a HarperCollins Brasil. A fonte do miolo é Adobe Caslon Pro. O papel do miolo é pólen soft 90g/m², e o da capa é cartão 250g/m².